中等职业学校课程改革新教材

中职生
实用礼仪与训练

ZHONGZHISHENG SHIYONG
LIYI YU XUNLIAN

总主编 黄干才

主　编 罗秋怡　尹立雅　陈德华

副主编 莫坚义　覃　宏　黄小明
　　　　　刘翠玲　郭海君　莫秋华
　　　　　刘慧军　王　瑶　谭成芝
　　　　　庾江帆　梁年凤　莫创才
　　　　　陆海林　周丽芳　古　伟

广西科学技术出版社

图书在版编目（CIP）数据

中职生实用礼仪与训练/罗秋怡，尹立雅，陈德华主编.——
南宁：广西科学技术出版社，2010.8（2016.9重印）
ISBN 978 - 7 - 80763 - 502 - 4

Ⅰ.①中… Ⅱ.①罗… ②尹… ③陈… Ⅲ.①礼仪—
专业学校—教材 Ⅳ.①K891.26

中国版本图书馆 CIP 数据核字（2010）第 160728 号

中职生实用礼仪与训练

总　主　编：黄干才
主　　　编：罗秋怡　尹立雅　陈德华
出版发行：广西科学技术出版社
　　　　　（南宁市东葛路 66 号　邮政编码 530022）
电　　话：0771 - 5842790
网　　址：http://www.gxkjs.com
经　　销：全国各地新华书店
印　　刷：广西万泰印务有限公司
　　　　　（南宁市经济开发区迎凯路 25 号　邮政编码 530031）
开　　本：787mm×1092mm　1/16
印　　张：10
字　　数：191 000
版次印次：2016 年 9 月第 1 版第 16 次印刷
书　　号：ISBN 978 - 7 - 80763 - 502 - 4
定　　价：20.00 元

编写说明

　　礼仪是人际交往的基本规则，是约定俗成的社会交往行为规范，是人际交往的艺术和沟通技巧。礼仪是一种文化，是人类文明进步的成果，是一个国家、民族的社会风貌、道德水准以及文明程度的重要标志，也是衡量一个人思想觉悟、道德修养以及文化教养的重要标准。随着社会交往的日益扩大，尊重、真诚、得体、富有魅力的交往礼仪已成为人们扩大交流、沟通信息、增进友谊、加强合作、共同发展的重要方法和艺术。即将走上工作岗位的青年学生，应该培养自己敬人、理解、宽容、谦让、诚实的待人态度和庄重大方、热情友好、礼貌待人的文明行为举止，对人际交往当中的礼仪规范应有所了解和掌握，以加强自己的品德修养，提高社交能力，为今后的工作和生活奠定基础。

　　本书内容鲜活、形式活泼，是实用的礼仪教材，是对中职学校礼仪课程的进一步探索和改革实践，具有以下特点和要求。

　　1. 实用新颖。本书面向全体中职学生，注重理论联系实际，贴近生活、贴近实际、贴近学生，强调礼仪的基本知识和基本训练，突出中职礼仪教学的生活化、规范化、职业化，以个人礼仪和职场礼仪为重点，为学生的职业生涯发展服务，为学生实现"幸福快乐品质人生"夯实基础。本书引用了大量的礼仪及公共关系案例和具体操作范例，学生即学即用，对个人的全面发展和现实生活具有指导作用。本书编写体例新颖，设计合理，说服力和科学性强。全书分为导论和个人礼仪、家庭礼仪、校园礼仪、社交礼仪、求职礼仪、职场礼仪、涉外礼仪七章。导论提纲挈领、深入浅出地阐述礼仪基本知识，让读者对礼仪的本质和修炼有个总体的认识和把握。七章具体教学模块相对独立又紧密联系，每章中将"品德教育、能力培养、行为训练、形象塑造"四项礼仪修炼内容融为一体，综合性、逻辑性强，学生易于理解和接受，教师教学上也便于操作。全书各章开头以趣味知识和叙事引入的方式激发读者的阅读兴趣，结尾处设有实训题和自我评价题，以利学生巩固学习和技能训练成果。

　　2. 强化训练。礼仪既是一种内在品德修养，又是一种外在人际交往规则和技能。礼仪学科，既有知识点，又有技能点，也有实训考核点。本书按照中职礼仪教育"实用、够用"的原则，知识部分简明扼要，一目了然，重在交际技能的训练和检测，以提高学生的礼仪修养和能力。本书以"练一练"、"想一想"、"综合实训"等形式，强化礼仪基本技能的训练和考核。训练内容讲究实际、实用、实教，训练形式灵活多变，以期收到良好的教学成果。与社会上的礼仪公司、模特公司的专业培训有所不同，中职生的礼仪训练要求规则简明，易学易懂，便于操作，简便易行。礼仪是讲究技巧、重视操作的，要有所为，有所不为。

3. 生动活泼。本书注重教学互动，深入浅出，生动活泼。以礼仪为主线，普及礼仪的基本知识，但又不局限于单纯的礼仪知识传授，而是汇集政治学、经济学、伦理学、行为学、管理学、营销学、心理学、公共关系学的有关优秀成果，用生动简洁的语言、有趣的案例和故事、耐人寻味的人生哲理和底蕴深厚的规范动作展示现代礼仪的丰富内涵和精湛技艺。本书一改过去礼仪教材呆板单调、枯燥沉闷的写法，每章针对性地穿插一些小故事、小贴士等内容，引人入胜，能让读者深入思考、领悟和启迪。全书语言简明生动，栏目形式多样，插图形象活泼，可读性和趣味性强。

4. 民族特色。为体现广西地方教材特色，本书涉外礼仪内容加入了东盟各国的礼仪风俗知识，以开阔学生的视野，适应广西扩大对外开放的需要。

5. 课时安排。本课程计划授课为20周，每周2课时，总计40课时，各校应结合学分分配实际情况选择安排授课内容。各章参考课时分配如下：

导　　论	2课时	求职礼仪	4课时
个人礼仪	8课时	职场礼仪	8课时
家庭礼仪	2课时	涉外礼仪	4课时
校园礼仪	4课时	复　　习	2课时
社交礼仪	4课时	考　　试	2课时

本书既可作为中等职业学校礼仪课程教材，也可作为相关行业人员的礼仪培训参考书。

本书在编写过程中参考了大量有关礼仪方面的书籍和资料，未能一一注明，在此谨向有关作者表示谢忱。由于各种客观因素和主观因素的制约，书中难免存在不足之处，欢迎读者提出宝贵意见和建议，以便我们日后修订和完善。

编者

目 录

导论

　　说起"礼仪"，人们并不陌生，但不同的人理解的角度和深浅程度却是不一样的，修养水平也是有差异的。

　　中国作为一个具有悠久文化历史的文明古国，素有"礼仪之邦"的美称。"礼仪"一词，很早就被作为典章制度和道德教化使用。

　　在欧洲，"礼仪"一词最早见于法语的"étiquette"，原意是"法庭上的通行证"（秩序）。当它进入英语之后，便有"礼仪"的含义，即"人际交往的通行证"。后来，经过不断地演变和发展，"礼仪"一词的涵义逐渐明确起来，并独立出来。

现代礼仪是一门综合学科，具有十分丰富的内容和复杂的结构，涉及政治学、经济学、社会学、伦理学、行为学、管理学、营销学、心理学、公共关系学等，人们可以从不同角度加以重点研究。本书着重从伦理学的角度研究礼仪，阐述它的道德功能和实现形式，这对于拓展伦理学的研究领域，加强全民道德意识，培养社会的文明公民和高素质的技能人才，具有重要的理论意义和实践意义。

一、礼仪的本质

所谓礼仪，即人际交往的基本规则，是人际交往公认的行为秩序，是人际交往的行为准则或规范的总和。

礼仪是社会、道德、习俗、宗教等方面人们行为的规范，是人们文明程度和道德修养的一种外在表现形式。对于个人而言，礼仪是一个人思想水平、文化修养的一种外在表现，也是人际交往中适用的一种交际艺术、沟通技巧。礼仪是人类文明的结晶，是人们在长期的社会实践过程中不断总结提炼而定型了的规矩，也是现代文明的重要组成部分。作为一个现代公民，立足社会必须遵守礼仪和法律两大行为律则。礼仪侧重于道德层面，而法律侧重于惩戒层面，亦即前者重自律，后者重他律。

"礼"的含义是尊重。孔子云："礼者，敬人也。"从本质上讲，"礼"是一项做人的基本道德标准。"礼"所规范的是一个人对待自己、对待他人、对待社会的基本态度。礼的基本要求是：每一个人都必须尊重自己、尊重别人、尊重社会。

尊重自己。一个人不尊重自己，就不会获得别人的尊重。因此，要尊重自身，尊重自己所从事的职业，尊重自己所在的单位。

尊重别人。因为"来而不往，非礼也"，一个人不尊重别人就难以得到对方的尊重。尊重别人，具体要求往往有所不同。尊重上级，是一种天职；尊重同事，是一种本分；尊重下级，是一种美德；尊重客户，是一种常识；尊重对手，是一种风度；尊重所有人，则是一种做人所必备的基本教养。

尊重社会。每一个人都生活在社会中，尊重社会将美化人类自身的生存环境，并有助于人类最优化发展。尊重社会要讲究公德，维护秩序，保护环境，爱国守法。

"仪"的含义则是规范的表达形式，既指容貌和外表，又指礼节和仪式。礼仪的表达形式是多种多样的，就礼仪使用的媒介划分，可以把礼仪分为语言类礼仪、身体语言类礼仪、饰物类礼仪、酒宴类礼仪四种。

"礼"与"仪"是融合在一起的。任何"礼"的基本道德要求，都必须借助于规范的、具有操作性的"仪"，才能恰到好处地得以体现。就礼仪而言，没有"礼"，便不需要"仪"；没有"仪"，则又难见识何者为"礼"，怎样表现"礼"。如果缺乏道德与情感基础，礼仪不过是一套僵化的程序和手段而已，并没有亲和力和感染力，人际交往也会失败的。

日本也是一个讲究礼仪的国家。当代礼仪专家松平靖彦在《正确的礼仪》一书中提到："礼仪本身包含人们在社会生活中应遵守的道德与公德，人们只有不拘泥表面的形式，真正使自己具备这种应有的道德观念，正确的礼仪才得以确定。"这是从礼仪与道德的相互关系上来揭示礼仪的本质。

二、礼仪的发展

礼仪是一种文化，是人类文明进步的成果。礼仪文化不是一成不变的，而是随着社会的进步不断发展。礼仪具有普遍性、传承性、规范性、差异性、时代性、发展性等特点。

礼仪的发展变化，一方面是扬弃的过程，剔除糟粕，继承精华，创新内容和形式。那些反映劳动人民的精神风貌、代表劳动人民道德水平和气质修养的健康高尚的礼仪得到了肯定和发扬；而那些代表剥削阶级、帝王将相、封建迷信的繁文缛节得以根除。比如，古代的磕头跪拜风早已被现代的握手敬礼所代替，至于古代朝见天子所需的三跪九叩，更早已被抛进历史的垃圾堆。而那些"温良谦让"、"尊老爱幼"、"天人合一"、"和为贵"等行为规范则得到了弘扬。随着时代的发展，出现了礼仪电视、网络拜年、点歌祝寿贺喜等礼仪形式，礼仪的新生事物层出不穷。另一方面是融合的过程。随着我国对外交往的不断扩大，各国文化的相互碰撞、交流，礼仪也不断相互影响，相互渗透，相互取长补短，我国的传统礼仪自然被赋予新鲜的内容，礼仪规范更加国际化，礼仪变革更是向着国际惯例的方向发展。如何形成一整套既有自己的传统特色、体现社会公平正义，同时又符合国际惯例的礼仪规范体系，已成为我们的当务之急。这种礼仪文化的培养和形成，有助于提高中华民族的整体素质，有助于我们的国家走向世界，更好地与国际接轨，成为地球村上一个真正的礼仪之邦，成为一个经济强国、道德强国。随着时代的不断进步，人类的礼仪规范必将更为文明、优雅、实用，更为简洁，更有效率。

三、礼仪的作用

古人云："国有礼则国昌，家尚礼则家大，身尚礼则身正，心有礼则心泰。"孔子曰："不学礼，无以立。""礼之用，和为贵。"荀子说："人无礼则不生，事无礼则不成，国无礼则不宁。"由此可见，礼仪在社会生活中的地位和作用何等重要，同时也说明礼仪是一个人立足社会、成就事业、获得美好人生的基础。

在现代社会里，世界变成了"地球村"，国家与国家、民族与民族、团体与团体、个人与个人之间的接触和交往越来越频繁，如政治往来、军事接触、体育比赛、文化交流、学术讨论、科技协作、商业贸易、情报交换、信息沟通等，在这些众多的活动中，处处需要适当的礼仪方式，使相互的交流能达到预期目的和满意效果。礼仪无处不在，礼仪无时不在。从我们的日常生活来说，凡是与人接触、与社会交往都时刻离不开礼仪知识，几乎每一言、每一行都需要礼仪修养。在现代生活中，礼仪依旧是每一位现代人不可或缺的基本素养。礼仪，作为在人类历史发展中逐渐形成并积淀下来的一种文化，始终以某种精神的约束力支配着每个人的行为，从一个人对它的适应和掌握程度，可以看出他的文明和教养程度。

如今的职场上，职业形象被公认为是职业素质的重要体现，是取得事业成功的关键因素之一。提升职业形象，铺平成功之路。当人们还热衷于计算机培训、英语培训、职业资格证书培训等"硬培训"之时，一种针对个人形象、谈吐、气质的"软培训"开始显山露水，并日益受到白领人士的关注和青睐。近年来，美国许多中高级白领阶层人士纷纷利用周末，以每天 395 美元的高额学费，参加礼仪研究班课程的学习，其主要内容包括如何待人接物、迎来送往、用餐姿态等，甚至具体到如何恰当地与不同人握手。对他们来说，拜访客户时如何着装得体，讲演时如何落落大方，与外宾打交道时如何彬彬有礼等看似微不足道的细节问题，一旦处理不当，轻则令人陷入尴尬，重则丢掉"饭碗"。

1. 内强素质。

学习现代礼仪，可以内强素质。礼仪作为一种道德习俗和传统文化，可以净化社会风气，对人具有教化和约束作用。在人际交往中，有道德才能高尚，讲礼仪才算文明。学习礼仪，讲究礼仪，无疑会使人们提高自己的内在素质。

2. 外塑形象。

学习现代礼仪，可以外塑形象。形象决定发展，形象直接涉及效益，形象的好坏可以决定朋友和财富的多少！一个品格高尚、知书达理、情趣高远、气质优雅、风度翩翩的人总是备受人们欢迎的。现代礼仪讲究尊重，强调沟通，重视认知，力求互动。得体地运用礼仪，美化自身，美化环境，不仅会令自己更易于被他人所接受，而且有助于维护自身乃至所在工作单位的良好形象。

3. 增进交往。

学习现代礼仪，可以增进交往。礼仪具有联络感情、增进交流的内在职能，可以增进人与人之间的相互了解和信任，是现代交际不可缺少的润滑剂。目前，人们已普遍意识到，在现代社会中要成功、要发展，不但需要智商，而且需要情商。所谓情商，外在表现为一个人的心态如何，内在的本质是一个人与其他人进行合作的能力。掌握现代礼仪，就能掌握人际交往的艺术、方法、技巧，自然有助于自己更好地与他人进行合作，进而令自己成为受欢迎的人。

4. 促进和谐。

学习现代礼仪，可以促进人与人、人与社会、人与自然之间的和谐关系。讲究礼仪的根本目的是为了实现社会交往的互相尊重，从而达到人与人之间关系的和谐。礼仪具有沟通信息的内在功能，每一种礼仪行为均可以表达一种甚至多种信息，人们通过各种信息相互沟通、相互协调，促进人与人、人与社会、人与自然的和谐关系，从而实现人自身的全面发展。因此，从某种意义上说，遵守礼仪是人获得自由和发展的主要手段和途径之一，是人迈向"幸福快乐品质人生"的关键因素之一。

四、礼仪的原则

在社交场合，如何运用礼仪才能发挥礼仪应有的效应，创造最佳的人际关系状态，这同遵守礼仪的原则有关。

1. 真诚尊重原则。

真诚尊重是礼仪的首要原则，是礼仪的灵魂。真诚原则就是真诚待人，诚信无欺，言行一致，表里如一。尊重原则，就是敬人之心常存，处处不可失敬于人，不可伤害他人的个人尊严，更不能侮辱对方的人格。自尊心人人皆有，人人都希望受到别人的敬重。在人际交往中，只要不失敬人之意，哪怕具体的做法一时失当，也不能算是失礼，也是可以向对方解释清楚的。

2. 平等适度原则。

平等是人与人交往时建立情感的基础，是保持良好人际关系的诀窍。平等是礼仪的核心，即尊重交往对象，以礼相待，对任何交往对象都一视同仁，给予同等的礼遇。适度原则就是交往应把握分寸，认真得体。礼仪无论表示尊重还是热情，都有一个"度"的问题，没有"度"，施礼就可能进入误区。

3. 自信自律原则。

自信原则是社交场合中一个心理健康的原则，唯有对自己充满信心，才能在交往中不卑不亢、落落大方，才能如鱼得水、得心应手。一个缺乏自信的人，就会处处碰壁，甚至落花流水。自律原则就是在交往中树立起一种内心的道德信念和行为修养准则，以此来规范自己的行为，严于律己，自我约束、自我对照、自我反省、自我检查，知道自己该做什么，不该做什么。

4. 信用宽容原则。

信用原则就是讲究信誉的原则，正所谓言必信，行必果，守时守约。宽容原则即与人为善的原则，宽容他人、理解他人、体谅他人，千万不要求全责备、斤斤计较，甚至咄咄逼人。宽容是人类的一种伟大思想，是创造和谐人际关系的法宝，站在对方的立场考虑问题，是争取朋友的最好办法。

五、礼仪的修养

《诗经》上说："谦谦君子，赐我百朋。"孔子也说过："质胜文则野，文胜质则史。文质彬彬，然后君子。"这里所说的"质"就是本质、人品、人的品德修养，"文"就是仪表、举止和言谈，"史"是借用史书义，形容浮夸情况。这句话的意思是说，只有人品优良，而行为举止不合礼仪要求，会使人感到粗俗、野蛮；只注重表面的礼节形式，而没有崇高的品德修养，必定使人感到虚伪、浮华，甚至厌恶。只有"质"与"文"配合适当，把外表的礼仪修养与内在的品格修养结合起来，融于一身，才会成为文质彬彬的君子，才会变成一个真正有礼貌、讲文明、处处受到人们欢迎的人，一个朋友遍天下的人。

礼仪文化是一个民族的身份证，也是人的素质的自然流露，不是单纯的技术培训，不仅仅是礼仪的几个动作、几套迎来送往的程序、几种美容化妆法而已。学习礼仪有一个适应的过程，有一个掌握的过程，有一个内化为习惯的过程。礼仪修养是在生活中逐步凝练而成的，需要长期学习、锻炼和提高，并不是一蹴而就的。礼仪又是一门积淀着广泛社会经验和生活经验的学问，其实用性作用于每个人的每个生活细节，你看得懂、学得透、用得好，时时处处以礼待人，就可以在生活、工作中如鱼得水，游刃有余。

1. 学习礼仪知识，加强品格修养。

英国哲学家培根说："读史使人明智，读诗使人聪慧，演算使人精密，哲理使人深刻，伦理学使人有修养，逻辑思维使人善辩。总之，知识能塑造人的性格。""腹有诗书气自华"，一般来说，文化水平高的人，品德修养和礼仪规范是比较好的，要成为一个高尚的人，讲礼仪的人，就要根据自己所处的环境条件不断学习政治，学习文化，学习各种科学技术，学习礼仪知识。现代礼仪知识不仅可以丰富你的内涵，同时也可以教会你许多外在的礼仪规范，使你成为一个有教养、真正受欢迎的人。学习的内容是十分丰富的，要在书本上学，也要在社会实践中学，只有不间断地学，刻苦地学，创造性地学，才能天天有所领悟，天天有所进步。要在学习中注意修炼自己的品质，有意识地培养自己的高尚人格，全面提高自己的综合素质和能力。如培养高尚的人格和情趣，就得知书达理，不懂礼不知礼者难成为高尚的人。

2. 养成文明礼貌习惯，提高社交能力。

美国心理学家威廉·詹姆士指出："思想决定行为，行为决定习惯，习惯决定性格，性格决定命运。"习惯是经过日常生活长年累月的不断积淀，自然而然形成的一种无意识的状态，看似不经意，力量却无比巨大，影响一个人的生活态度、思维方式和行为模式，影响一个人的命运，左右一个人的人生。一个人的礼貌修养主要表现在服饰衣着和言谈举止两个方面，是逐步养成的，所以我们在平时就要注意养成一些好的习惯。一要养成微笑的习惯；二要养成关心他人的习惯；三要养成善于交谈的习惯。习惯成自然，一个文明礼貌的习惯能为自己的形象加分，为生活添彩。社交是人生一门重要的功课，是成功人生不可或缺的。人们要取得社交成功，首先要树立良好的形象，这是给人留下良好印象、让人喜欢的首要因素；其次，讲究礼貌、礼节，以礼相待、平等交往，这是作为社交活动应遵循的基本原则；最后，要掌握必要的社交艺术和技巧，提高沟通协调的能力（包括听、说、读、写等技能）。总之，一个人的礼貌修养和社交能力会影响到他的人际交往效果和事业成败，如果我们都能学好用好礼仪知识，在日常生活中养成各种好习惯，有礼有节地同他人交往，有效地与他人进行良好的沟通，那么我们周围将是一个多彩的世界和广阔的天地。

3. 优化个性特征，培养优雅气质。

在伸手不见五指的夜晚，如果有一束光亮，你的目光就会不由自主地转向光的那边。实际上，不仅眼睛在黑暗中有趋光性，人的心灵也是如此。一个人想赢得别人的欢迎，就得让别人喜欢你。也就是说，必须打造独特的气质，使自己富有光彩，具有吸引力。气质本是心理学的一个概念，指个人典型稳定的心理特征，是构成个人个性的重要组成部分，优雅的气质即一个人吸引他人的个性特征。古希腊医学家希波克拉底把人的气质分为四种，即胆汁质、多血质、黏液质和抑郁质。气质具有稳定性和可塑性，没有绝对好坏之分，何况大多数人兼有两种或多种气质特点。所以，重要的是了解自己，优化个性特征，扬长避短，自觉地发扬气质中的积极因素，努力克服气质中的消极因素，注意培养自己优雅的气质。比如，胆汁质的人精力旺盛，热情豪爽，但脾气暴躁，在交往中应特别注意控制自己的性情，遇事不要过分急迫和自信，多听少讲，多一份谦虚的容忍；多血质的人活泼敏捷，善于交往，但是难以全神贯注，缺乏耐心，在交往中要注意培养自己的恒心和耐心，以诚取信，凡事持之以恒，以"认真"二字去对待人和事，以取得他人的信任；黏液质的人做事有条有理，认认真真，但反应较慢，缺乏激情，在交往中应适当改变一下自己的脾性，多一些热情，多一份信心，礼字当头，礼多人不怪；抑郁质的人非常敏锐，感情细腻丰富，但不善交际且多疑多虑，在交往中要努力改变自己的个性，多与人交往，多参加各种社交活动，让现实逐渐打破抑郁的气氛，争取创造一个崭新的个人形象去面向社会。

4.注重行为训练，积极参加礼仪实践活动。

礼仪形象是中职生踏进校门的第一课。为此，要从关注自我形象开始，对服装、发型、饰物、化妆，到站、立、走、坐、蹲、言行举止的各种行为姿态，甚至待人接物的礼貌、礼节，都要根据职业规范和岗位要求，严格要求自己，刻苦训练，持之以恒，潜移默化，转变为自己的自觉行为，最终成为一种规范良好的职业和行为习惯，提升自己的职业形象，铺平成功之路，迈向"幸福快乐品质人生"，达到提高礼仪修养的最终目的。要重视礼仪实践机会，将礼仪教育与社会服务实践有机地结合，使自己参加并融入到社会礼仪活动中去，如政府、企事业单位的礼仪交流活动，以及社会各界的会议接待和大型庆典活动等。在社会活动中，学以致用，提高实践技能，展示健康积极的形象气质，表现青春的活力美，并把理论知识运用到生活、学习、工作的每个细节中。

作为一名现代人，不学礼，则不知礼；不知礼，则必失礼。一个失礼、不讲礼的人，往往无人理！

现代生活已经告诫人们：有礼走遍天下，无礼寸步难行。

现代生活已经提醒人们：必须学礼、知礼、守礼、讲礼，必须时时处处彬彬有礼。

让礼仪之花绽放，开遍校园，开遍大江南北，开遍五湖四海；让我们学好礼仪，用好礼仪，传播礼仪，共同构建一个和谐中国，一个和谐世界！

第一章

个人礼仪

如何才能给别人留下良好的第一印象呢？我们来看看美国心理学家奥伯特·麦拉比安非常著名的 7：38：55 法则：

55%——取决于你的外表，包括服装、个人外貌、体形、体态等；

38%——取决于自我表现，包括语气、语调、声音、手势、动作、站姿、坐姿等；

7%——取决于你在与人沟通的过程中所想要表达的内容。

个人礼仪即仪容、仪表、仪态和语言礼仪。良好的个人礼仪对树立个人形象和团队形象，建立成功的公共关系都会产生积极的影响。

第一节　仪容

小故事

日本著名企业家松下幸之助从前不修边幅，他的企业也不注重形象，因此企业发展缓慢。一天，他去理发时，理发师毫不客气地批评了他："你是公司的代表，却这样不注重仪表，别人会怎么想？连人都这样邋遢，你的公司会好吗？"从此，松下幸之助一改过去的坏习惯，开始注意自己在公众面前的形象，生意也随之兴旺起来。现在，松下电器的产品享誉天下，与松下幸之助长期率先垂范，要求员工懂礼貌、讲礼节是分不开的。

仪容即容貌，由面容、发式以及身体所有未被服饰遮盖的肌肤所构成，是个人仪表的基本内容。每个人的仪容都会引起交往对象的特别关注，并会影响到对方对自己的整体评价。仪容礼仪的基本要求是仪容美，即貌美、发美、肌肤美，主要要求整洁干净。

一、发型

1. 男士发型一般要求头发不可太短或太长，一个半月左右修剪一次是比较合适的频率。

2. 女士发型要以庄重、简约、典雅、大方为主导风格。留长发的女士，在上班或重要场合中，应遵循前不遮眉、后不过肩的原则，因此应以束发、盘发为宜。

后发不及领
前发不附额
侧发不掩耳
不留大鬓角

geren liyi

小贴士

选发型要依据脸型、体型、年龄、身份、季节、工作环境等几方面综合考虑。

头发的养护

你知道怎样洗头发吗？

洗发宜用 40℃左右的温水。至少 3 天要洗一次头发。选用适合自己发质的洗发剂，洗发与护发分开的洗发剂为好。

二、美容化妆

化妆，是修饰仪容的一种方法，一般指女士采用化妆品按一定技法对自己的仪容进行修饰、装扮，使自己容貌变得更加靓丽。化妆不仅使人显得健康、美丽、自信，展现了个人良好的精神面貌，更体现了对别人的尊重。

基本步骤：

①洁面。彻底清洁脸部，以清洁皮肤为目的。

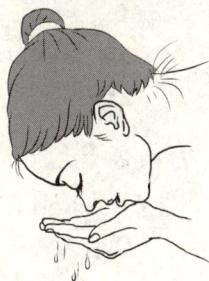

②搽爽肤水，涂润肤霜，搽粉底。

③扑粉。用以定妆，防止妆容脱落。

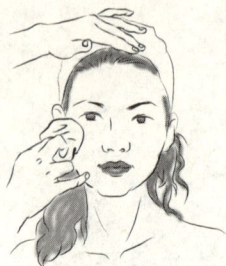

④描眉画眼。沿45°方向涂在眼皮上并向眼尾处抹匀。

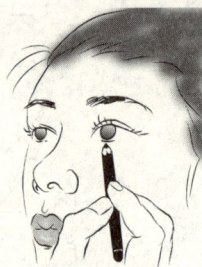

⑤上腮红。长形脸宜横涂，宽形脸宜直涂，瓜子形脸则以面颊中部偏上处为中心，然后向四周散开。

⑥睫毛。睫毛膏颜色宜选用黑色，使用其他颜色的睫毛膏在交际场合是失礼的表现。

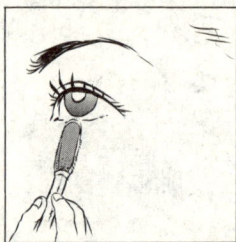

⑦唇妆。用透明感的唇彩可以不用勾勒唇线，唇线笔可以勾画出理想的唇型。

想一想

　　某航空公司要面向社会招一批空姐，前来报名的人络绎不绝。有几个女孩心想，空姐是多么时髦的职业，招的都是漂亮的女孩。于是，她们就到美容院将自己浓墨重彩地打扮了一番，就像电视剧里的韩日明星。她们高高兴兴地来到报名地点，谁知工作人员连报名的机会都不给她们。看着别的女孩一个个都报上了名，她们很纳闷："这是为什么呢?"

女士工作妆要点：
　　色泽淡雅，清新自然。
　　妆容适宜，搭配恰当。
　　洒脱自信，精神饱满。

男士仪容要求：

每天洁肤，面容干净。

经常剃须，养成习惯。

头发整洁，发型恰当。

小贴士

第一印象在很大程度上决定了别人对你的观感，而且很少会改变其最初的判断。通常最初的印象被破坏了，大都没有机会再进行二次塑造了。

练一练

实训题

1. 请女同学一对一分别用 4 个发卡、1 瓶摩丝为对方盘起高冲、中束和低挽 3 种盘发发型。

2. 假设你准备参加一家公司的应聘面试，试一试怎样化职业淡妆。你知道化妆有什么禁忌吗？

第二节　仪表

心理学家曾做过一个有趣的实验，把 10 张女生的照片给受试者看，其中 8 人容貌服饰较好，另 2 人长相较差，衣服也破旧。心理学家告诉受试者，其中 1 人是小偷，结果，有 80%的受试者认为后者之一是小偷。这说明人们总是喜欢那些看上去给人感觉舒适、有美感的人。

仪表是指一个人的外表，包括容貌、举止、姿态、风度等。这里主要指一个人的穿着、搭配，以及各种配饰的佩戴。

想一想

某公司招聘文秘人员，中文系毕业的小陶前往面试。她的背景材料可能是最棒的——大学 4 年中，在各类刊物上发表了共 3 万字的不同内容的作品，还为 6 家公司策划过周年庆典，一口流利的英语，书法也很棒。小陶五官端正，身材高挑、匀称。面试时，招聘者拿着她的材料等她进来。小陶穿着迷你裙，露出藕段似的大腿，上身是露脐装，涂着鲜红的唇膏，轻盈地走到一位考官面前，不请自坐，随后跷起了二郎腿，笑眯眯地等着问话。孰料，三位招聘者互相交换了一下眼色，主考官说："陶小姐，请回去等通知吧。"她喜形于色："好！"挎起小包飞跑出门。可是她等了两周也未见公司通知。

你知道小陶的应聘为什么会失败吗？

一、着装的基本原则

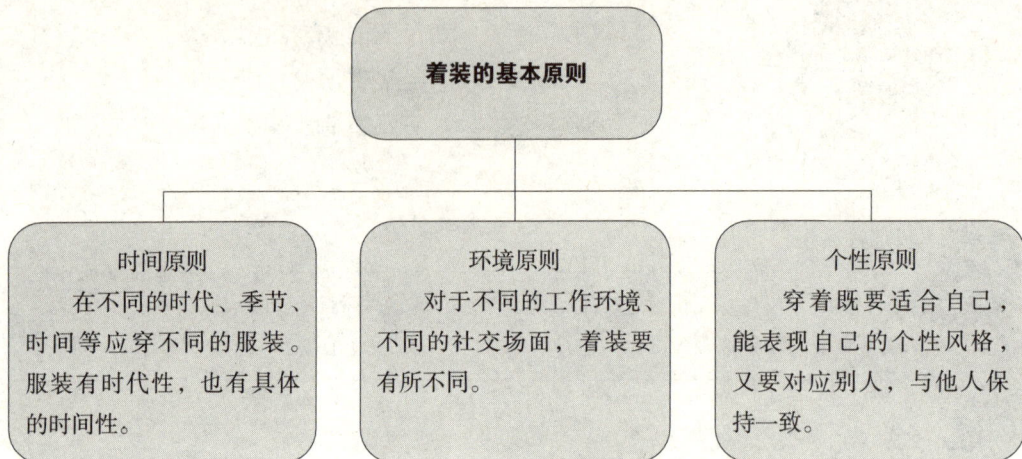

着装的基本原则

时间原则
　　在不同的时代、季节、时间等应穿不同的服装。服装有时代性，也有具体的时间性。

环境原则
　　对于不同的工作环境、不同的社交场面，着装要有所不同。

个性原则
　　穿着既要适合自己，能表现自己的个性风格，又要对应别人，与他人保持一致。

　　除了以上三种原则以外，你知道着装还要注意什么吗？

　　着装还受容貌、肤色、年龄、职业、身份、性格等多种因素的影响。在一些重大的社交场合，你的穿着在表现自我的同时，还必须与他人保持一致。

小故事

　　一位女推销员在美国北部工作，一直都穿着深色套装，提着一个男性化的公文包。后来她调到阳光普照的南加州，她仍然以同样的装束去推销商品，结果成绩不够理想。后来她改穿色彩淡雅的套装，换了一个女性化一点的皮包，使自己更有亲切感。着装的这一变化，使她的业绩提高了 25%。

二、女士着装

　　1.女士套装以搭配套裙为佳，忌薄、露、透、小，忌光脚、"三截腿"、裙鞋袜混搭。女士在正式场合一般应着女士套装。

　　正式的西服套裙，应注重面料，最佳面料是高品质的毛纺和亚麻，最佳的色彩是黑色、灰色、棕色、米色等单一色彩。

小贴士

　　职位较低的女性即使有经济能力也不应穿比自己同性上级更高级的品牌套装，这几乎是国际上现代化企业一条不成文的规定。

套装与衬衣相配

正式场合的商务
套装必须是长袖

裙子长及膝盖

一般搭配黑色皮鞋，
切勿着露趾凉鞋

小故事

套裙质地差，女老板穿成女秘书

有个由国内企业家组成的代表团出国考察，其中有一位女企业家，虽然穿的也是一身西服套裙，但外方人员竟一直误以为她是位秘书。原来这位女企业家穿的套裙的面料质地不好，做工也不考究，款式又过于花哨，以致与身份不符，造成误会。

geren liyi

2. 女士套装配饰一般包括首饰、胸针、丝巾等。

（1）佩戴首饰不应超过 3 件，以小巧、精致、配套为原则。

（2）胸针是西服裙装最主要的饰品，能使人视线上移，让身材显得高挑。胸针一般别在左胸襟。胸针的大小、款式、质地可根据个人的喜好决定。

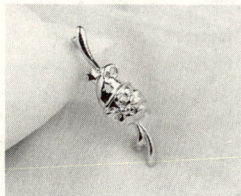

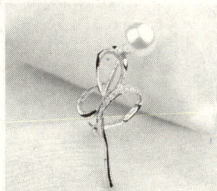

小故事

小李中专毕业后被分配到某公司做文秘工作。在一次接待工作中，领导让她照顾一位华侨女士。华侨对小李的热情和周到的服务非常满意，分别时留下名片，并认真地说："谢谢！欢迎你到我公司来做客，请代我向你的先生问好。"小李愣住了，因为她根本没有男朋友。可是，那位华侨女士也没有错，她之所以这么说，是因为看见小李的左手无名指上戴有一枚戒指。

（3）当春天的阳光照在身上时，脱下厚重的外衣，一条丝巾就可以改变很多，让你拥有飘逸优雅，心情也随之飞扬起来。下面介绍几种比较实用又简单的丝巾打法。

①

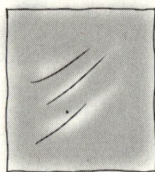 

 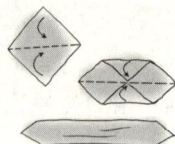

②　　　　　　　　　　　　③

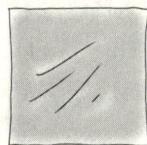 

④　　　　　　　　　　　　⑤

小贴士

喷香水的学问

不应使之影响本职工作，或是有碍于人；

宜选气味淡雅清新的香水，使之与自己同时使用的其他化妆品香型大体上一致，而不是彼此"串味"；

使用香水切勿过量，以免产生适得其反的效果；

应当将香水喷在或涂抹于适当部位，如腕部、耳后、颔下、膝后等。

三、男士着装

1. 男士在正式场合一般着男士西装。

西装在世界文化交流活动中是正装的标志。重大礼节性场合着深色西装，上下班、娱乐和会友时则穿浅色、暗格、小花纹套装。

小故事

公务员穿"童装"，大家都尴尬

某商务代表团到外地开会，当地某政府机构的一位男公务员负责接待他们。当代表团成员见到这位30多岁的男士时不禁面面相觑，暗想："他怎么穿了一身童装啊！"原来该男士为了使自己显得青春活力些，穿了一件绒布的带图案的上衣和一条花哨的短裤，特别是上衣的领子和图案酷似童装的样式，让大家都很尴尬。

2. 男士西装配饰一般包括衬衫、领带和领带夹、西装扣、皮带扣环等。

（1）应根据西装的款式和颜色选择合适的衬衫，一般选择白色或浅色的衬衫。一定要保持干净、平整，特别是领口和袖口不可有污渍。

小故事

衬衫褶痕带来面试尴尬

一名刚毕业的学生准备参加招聘面试。他买了件新衬衫，在面试当天才拆开。他并不在乎衬衫上有褶痕，因为穿上西装就能挡住了。但是，没料到面试过程中，主试者却让他把西装脱了好随便一点。他当时就傻眼了，满脑子想的都是衬衣上的褶痕。

（2）领带的打法和领带夹的使用也是非常讲究的。

①领带稍长于裤子的腰带即可，领带的颜色应根据衬衫来挑选。要固定领带，可将其第二层放入领带后面的标牌内。

领带的几种打法。

平结：

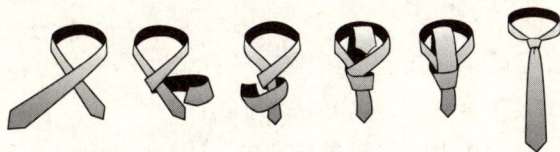

平结为多数男士选用的领带打法之一，几乎适用于各种材质的领带。

交叉结：

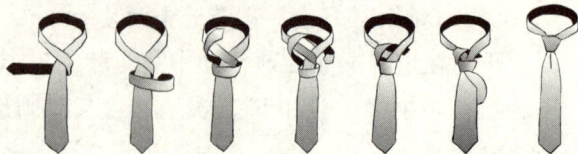

这是对于单色素雅且质料较薄的领带适合选用的领带打法，喜欢展现流行感的男士可使用。

双环结：

一条质地细致的领带再搭配上双环结颇能营造时尚感，适合年轻的上班族选用。

温莎结：

适合用于宽领型的衬衫，该领带打法应多往横向发展。应避免材质过厚的领带，领结也勿打得过大。

双交叉结：

这样的打法很容易让人有一种高雅且隆重的感觉，适合正式的活动场合选用。该打法应多运用在素色且丝质领带上，搭配大翻领的衬衫时不仅很适合且有一种尊贵感。

②领带夹应夹在衬衣的第 3 和第 4 扣间。

领带夹的材质分白珍珠和小钻类。领带夹从左夹——正式场合适用；领带夹从右夹——晚宴适用。

（3）西装扣的扣法很有讲究。

①穿双排扣西装，扣子要全部扣上；

②单排两粒扣西装，只扣第一粒，也可以全不扣；

③单排三粒扣西装，只能扣中间一粒或全不扣；

④单排一粒扣西装，扣与不扣均可；

⑤如果穿三件套西装，则应扣好马甲上所有的扣子，外套的扣子则不扣。

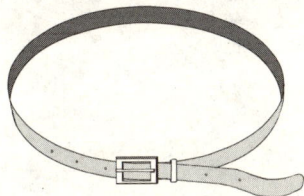

（4）皮带扣环。

皮带的扣环多以方型为佳。穿着正装忌用圆形扣环皮带，颜色多采用冷色系或金色。

3. 男士着西装要领。

一是要平整，不可有褶痕；

二是西装领要贴背，并低于衬衫领1厘米左右；

三是西装长裤的长度要适中；

四是西装口袋不要放任何杂物。

小贴士

男士着西装"三个三"

三色原则：身上的服装色彩不超过三种，鞋子、腰带、公文包的色彩统一。

三不定律：在休闲、睡觉、散步这三种情形下不穿西装。

三大禁忌：一是穿西装时袖子上的商标不拆；二是穿白色袜子；三是打一拉就得的领带。

你能帮我更好地穿着西装吗？

geren liyi

想一想

国内一家效益很好的大型企业的总经理叶明，经过多方努力和上级有关部门的牵线搭桥，终于使德国一家著名的家电企业董事长同意与自己的企业合作。谈判时为了给对方留下精明强干、时尚新潮的好印象，叶明上身穿一件T恤衫，下身穿一条牛仔裤，脚穿一双旅游鞋。当他精神抖擞、兴高采烈地带着秘书出现在对方面前时，对方瞪着不解的眼睛看着他上下打量了半天。最后，这次合作没能成功。

为什么这次合作会失败呢？

小故事

美国前总统克林顿曾大胆地利用领带来展示自己男性的魅力和个性。在大选前进行自我宣传时，在其媒体形象专家的创意和设计下，克林顿敢于多花样地佩戴鲜艳夺目的领带，穿着白衬衣、灰蓝色的西服。虽然头发已经呈现出灰色，但他仍然展示给选民一个性格热情、朝气蓬勃、充满男性魅力的年轻总统的形象。

四、特定场合服装

1. 参加婚庆或聚会场合着装。

参加婚庆或聚会可穿晚会服、酒会服、婚礼服等，女士也可以穿丝绸套装、连衣裙等以表示对主人的尊重。但应注意，参加婚庆不要穿色彩过于抢眼的服装，以免喧宾夺主。

2. 晚间宴会和外交场合着装要领。

如果在请帖上标明须穿礼服，一定要按规定穿着。一般情况下男士可穿上下同色、同质的中山装、西服或民族装，女士可以穿各式套装、晚礼服或旗袍、长裙等，要从款式和颜色上显示自己的气质、气度和教养。

3. 悲伤场合着装要领。

悲伤场合最适宜的服装颜色是黑色或其他深色、素色，衬衣宜白色或暗色，款式上简单大方得体。女士化妆不能抹口红，尽量少戴装饰物。

练一练

选择题

1. 着男士正装西装单排三粒扣西装时，站立时为表示郑重应当怎样扣扣子？

　　A. 只扣上面1粒　　　　B. 只扣下面1粒

　　C. 只扣中间1粒　　　　D. 全不扣

2. 在公共场所，女士着装时应注意（　　）不能外露，更不能外穿。

　　A. 袜子　　　　　　　B. 短裙　　　　　　　C. 内衣

3. 佩戴首饰原则上不应超过（　　）件。

　　A. 4　　　　　　　　B. 3　　　　　　　　C. 2

实训题

1. 同桌互相观摩对方练习：每位男生至少学会2种领带的扎法；每位女生至少学会3种丝巾的扎法。

2. 请通过口头表述的形式，为你的父母设计一套喜庆吉祥的新年服装。

第三节　仪态

一个人如果没有良好的站姿,不但会影响骨骼、体态的正常发育,还会影响服装造型的呈现,更重要的是会使一个人的气质大打折扣。哲学家培根有句名言:"相貌的美高于色泽的美,而秀雅合适的动作美又高于相貌的美,这是美的精华。"

仪态,又称"体态",是指人的身体姿态和风度。姿态是身体所表现的样子,风度则是内在气质的外在表现。仪态礼仪指的是人的姿势、举止和动作的礼仪。

一、站姿

站姿是一个人全部仪态的根本点。站姿可分为肃立式和直立式两种。

直立式站姿

肃立式站姿

不良站姿

geren liyi

小贴士

不同站姿所反映的心理特征

双腿并拢站者,给人的印象是可靠、意识健全、脚踏实地而且忠厚老实,但有时显得有点冷漠;

双腿分开尺余,脚尖略向外偏的站姿,表现站立者果断、任性、富有进取心,不装腔作势;

一脚稍后,两足平置地面,则体现出站立者有真心、性格粗暴,是个积极进取、极富冒险精神的人;

一脚直立,另一脚则弯置其后,以脚尖触地,则说明站立者情绪非常不稳定,变化多端,喜欢不断的刺激与挑战。

站姿的训练方法

（1）顶书训练。把书本放在头顶中部，头、身体要保持平稳，书才不会掉下来。训练目的是纠正站立时低头、歪头、左顾右盼的毛病。

（2）背靠墙站立训练。2~4人一组，背靠墙站立，头部、肩部、臀部、小腿、脚跟紧靠墙。

（3）对镜训练。在形体室每人面对镜面，检查自己的站姿及整体形象，检查是否头歪、肩斜、含胸、弯腿等。

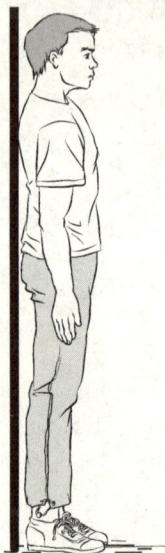

小贴士

站姿训练时间控制在 20~30 分钟，配上轻松愉快的音乐，用快乐的心情，既能达到良好的效果，又可以减轻疲劳。

二、坐姿

坐姿是人际交往中最重要的人体姿势，它反映的信息也非常丰富。端庄优美的坐姿，会给人以文雅、稳重、自然大方的美感。

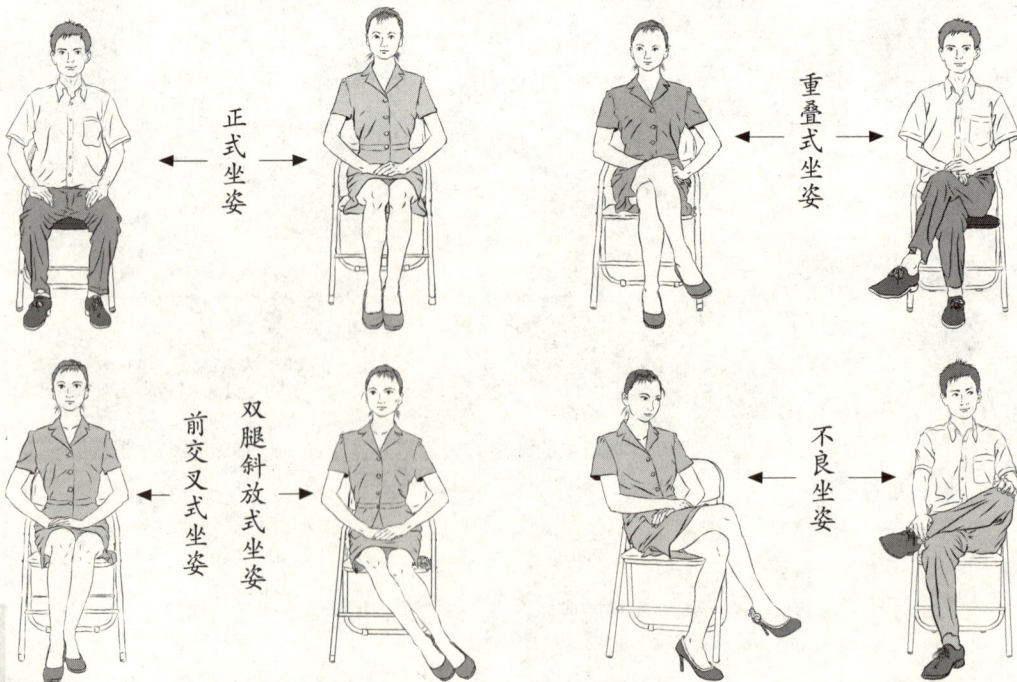

正式坐姿

重叠式坐姿

前交叉式坐姿

双腿斜放式坐姿

不良坐姿

坐姿的训练方法：

（1）落座、起身都应稳而轻。坐下后腿位与脚位的放置正确（参照上面正确坐姿的示范图）。

（2）在形体训练室每人坐在镜前，检查自己的坐姿。也可在教室进行，同桌面对面坐下，互相指导纠正。

训练时间控制在 20~30 分钟，配上轻松愉快的音乐，以减轻疲劳。

三、走姿

对走姿的要求是"行如风"，即走起路来像风一样轻盈。当然，不同情况对行走的要求是不同的，一般来说，标准的行走姿势，要以端正的站立姿势为基础。

1. 正确的走姿。

上身基本保持站立的标准姿势，两臂以身体为中心，前后自然摆动，前摆约 35°，后摆约 15°，手掌朝向体内；起步时身子稍向前倾，中心落前脚掌，膝盖伸直；脚尖向正前方伸出，行走时双脚踩在一条直线上。

以胸领动肩轴摆，提髋提膝小步迈，跟落掌接趾推进，双眼平视背放松。

2. 不良走姿。

（1）踢着走：身体前倾，只有脚尖踢到地面。这种走路像走小碎步一般，走姿很不雅。

（2）压脚走：与踢着走类似，走的时候身体重量会整个压在脚尖上。这种走法会形成萝卜腿而影响美观。

（3）内外八字走法：内"八"字走路会造成"O"形腿，外"八"字走路会造成"X"形腿，既影响美观也影响个人气质。

（4）踮脚走：这样走路的人其实本意是为了使步伐更美妙，但过于在脚尖上用力，会使膝盖因为脚尖用力的关系而太用力于腿肚上，很容易导致萝卜腿。

（2）步位、步幅训练：在地上划一条直线，行走时检查步位、步幅是否正确，纠正外"八"、内"八"及脚步过大或过小的毛病。步伐大小以个人的鞋长为准。

3.走姿的训练方法。

（1）双臂摆动训练：注意纠正双肩过于僵硬、双臂左右摆动的毛病。

（3）顶书训练：将书本放在头顶部，行走时保持头正、颈直、目不斜视，纠正走路摇头晃脑、东瞧西望的毛病。

（4）步态综合训练：训练行走时各种动作的协调性，配以节奏感较强的音乐，注意训练走路时的速度、节拍。要保持身体平衡，双臂摆动对称，动作协调。

四、动作体态

"行为举止是心灵的外衣"，体态是一种不说话的语言。

1. 基本动作体态。

（1）上下楼梯。头要抬高，背要伸直，肋部要挺，臀部要收，膝盖稍微弯曲。下楼时，特别要注意身体稍微趋前，这样的步态比较稳定，样子也好看。

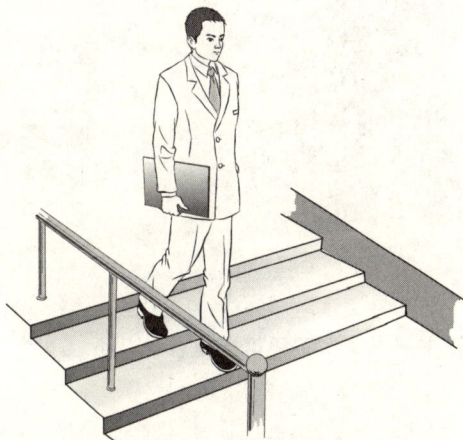

（2）上下汽车。上车时要侧着身体进入车内，绝对不要先把头伸进去。应当先站在车旁，眼睛注视着前方，一边的膝盖弯曲，从腰部滑进车里，然后把另一只脚也收进去。下车时也应侧身而下，移动到靠近车门的地方，然后才伸脚出去，踏落地面，眼睛看着前方，并移动另一只脚，头部随即伸出来，然后站起来。

（3）捡东西。站在要捡的东西旁边，弯膝去捡，不要低头，也不要弯背，慢慢地把腰部低下，捡到东西后再慢慢地把脚伸直。

（4）递送物品。应双手呈上，递送尖端物品时不可使尖端朝向他人。

要记住：往下蹲捡东西的姿态不但不雅观，还会使背部紧张。

2. 不良动作体态。

（1）当众打哈欠。

（2）当众挠头皮。

（3）当众挖鼻孔或掏耳朵。

（4）随便吐痰。

　　如果要吐痰，应把痰吐到纸巾里，再丢进垃圾箱，或者去洗手间吐痰。

（5）随手扔垃圾。在现代文明的社会里，城市容貌相当重要，随手扔垃圾是应当受到谴责的最不文明的举止之一。

小故事

一口痰毁了一份合同

中国长江医疗机械厂经过艰难的谈判，即将与美国客商约瑟先生签订"输液管"生产线的合同。然而在参观车间时，厂长陋习难改，在地上吐了一口痰，约瑟看后一言不发，掉头就走，只留给厂长一封信："我十分钦佩您的才智和精明，但您吐痰的一幕使我彻夜难眠。一个厂长的卫生习惯可以反映一个工厂的管理素质。况且我们合作的产品是用来治病的，人命关天。请原谅我的不辞而别，否则上帝都会惩罚我的。"

练一练

选择题

1. 女士着裙装入座时应该（　　）。

　　A. 先轻拢裙摆　　　　B. 直接坐进去　　　　C. 随便

2. 行走是一种动态美，双臂前后摆动，（　　）。

　　A. 摆幅以20~30度为宜

　　B. 摆幅以30~50度为宜

　　C. 摆幅以10~20度为宜

实训题

　　在公共场合，一支笔掉在了地上，你应该怎样去捡起来？

第四节　语言

　　语言是人们表达意愿、思想、情感的媒介或符号，是社会人际交往的重要交际工具。语言包括声音语言和体态语言。

　　一、声音语言的合理运用

　　1. 礼貌谈吐。

　　在社交场合礼貌是处于第一位的，在谈话时应真诚热情、

早上好！

您好！

不卑不亢、宽容大度、平等待人。对别人常用"请问"、"劳驾"、"请多关照"等词；而对自己则应多用谦语，如"愚"、"鄙人"、"学生"等。接待客人时应用雅语，如"贵姓"、"芳名"等。

礼貌谈吐的要点：

态度诚恳，

精神专注，

亲切动听，

周到体贴，

有所忌讳。

小贴士

十字礼貌用语

"您好"、"请"、"谢谢"、"对不起"、"再见"

想一想

徐强是个很有上进心的年轻人，他一直希望能有机会和成功人士交往，并可以向他们学习。在一次聚会上，经朋友介绍，他有幸结识了一位地位显赫的企业家，他很庆幸能和这样的人结识。但双方握手之后，徐强竟然连一句主动的话都没有说。结果是人家问一句他答一句，本来很轻松的场面，一下子变得像个考场。对方大失所望，找了个理由就离开了。

小贴士

开口六忌

一忌语言粗俗，二忌问人隐私，

三忌用词贬义，四忌揭人短处，

五忌背后议论，六忌出言不逊。

2. 称呼礼仪。

称呼指的是人们在日常交往应酬之中，所采用的彼此之间的称谓语。在人际交往中，选择正确、适当的称呼，是对他人尊重、友好的表示。恰当地使用称呼，是社交活动中的一种基本礼貌。

职务称呼 ➤ 以交往对象的职务相称，以示身份有别、敬意有加，这是一种最常见的称呼。

如"李校长"、"赵局长"、"王主任"等。

职称称呼 ➤ 对于具有职称者，尤其是具有高级、中级职称者，在工作中直接以其职称相称。适用于十分正式的场合。

如"陆博士"、"张教授"、"杨工"等。

| 职业称呼 | 对于从事某些特定职业的人，可直接称呼对方的职业。如"张医生"、"刘老师"等。 |

| 性别性称呼 | 对于从事商业、服务性行业的人，一般约定俗成地按性别的不同分别称呼"小姐"、"女士"或"先生"，"小姐"是称呼未婚女性，"女士"是称呼已婚女性。 |

| 姓名性称呼 | 在工作岗位上称呼姓名，一般限于同事、熟人之间。只呼其姓，要在姓前加上"老"、"大"、"小"等前缀，如"老李"、"小郭"等；只称其名，不呼其姓，如"丽明"、"建国"等，通常限于同性之间，尤其是上司称呼下级，长辈称呼晚辈，在亲友、同学、邻里之间，也可使用这种称呼。 |

| 亲属称呼 | 如"朱爷爷"、"卢阿姨"、"何叔叔"等。 |

小贴士

称呼的五个禁忌

1. 错误的称呼。

主要是对被称呼者的年纪、辈分、婚否以及与其他人的关系作出了错误判断。比如，将未婚妇女称为"夫人"，就属于误会。

2. 使用不通行的称呼。

有些称呼，具有一定的地域性，比如山东人喜欢称呼"伙计"，但南方人听来"伙计"肯定是"打工仔"。中国人把配偶经常称为"爱人"，但在外国人的意识里，"爱人"是"第三者"的意思。

3. 使用不当的称呼。

工人可以称呼为"师傅"，道士、和尚、尼姑可以称为"出家人"。但如果用这些来称呼其他人，没准还会让对方产生自己被贬低的感觉。

4. 使用庸俗的称呼。

有些称呼在正式场合不适合使用。例如"兄弟"、"哥们儿"等这一类的称呼，虽然听起来亲切，但显得档次不高。

5. 称呼外号。

对于关系一般的人，不要自作主张给对方起外号，更不能用道听途说来的外号去称呼对方。也不能随便拿别人的姓名乱开玩笑。

3.语言艺术的运用。

（1）接近的艺术。接近对方也是一门艺术，应用诚挚、热忱、礼貌和得体的语言打动对方。具体包括以下几点。

①以介绍为桥梁，深入谈话内容；

②敬称对方，容易使对方接纳自己；

③投石问路，善于提问，使话题沿着自己希望的轨迹发展下去；

④投其所好，调动对方的兴趣；

⑤善于转换话题，避免不应有的尴尬；

⑥熟记对方姓名，易于消除陌生感。

（2）赞扬的艺术。美国心理学家威廉·詹姆士说过："人类本性上最深的企图之一是期望被赞美、钦佩、尊重。"的确，真诚的赞扬，往往能使人终生难忘。然而，赞扬也需要艺术，方能达到预期的效果。

您就是鼎鼎有名的罗老师吧？久闻不如一见！幸会幸会！

您好！我是罗莉。

贵厂的产品质量很好！

①赞扬要真诚。发自内心的、真心实意的赞扬，才能引起被赞扬者的共鸣。

②赞扬应该是"锦上添花"、"雪中送炭"。

geren liyi

(3) 说服的艺术。说服是一种非常重要的艺术，它能改变对方原有的意见、见解、思想和态度。运用说服语言艺术，应注意以下几点：

①理解对方，设身处地为对方着想，才能缩短心理距离，才容易打动对方的心灵。

②善于启发、开导，使对方心悦诚服。

③借此说彼，利用两件事的相似处，借甲事说乙事，以达到委婉说服的目的。

(4) 应急的艺术。

①应能做到处变不惊，沉着应战，在冷静中急中生智，化险为夷。

②因势利导，变被动为主动。

③借题发挥，摆脱困境。

(5) 拒绝的艺术。对自己不利的、不能做或不愿做的事，必须采取回绝

李总，您不觉得我们的产品简直就是为你们量身定做的吗？而且还可以为贵公司省去一笔不小的开支！

李主管，您说话真是幽默！

忍不住笑场！

我想在这本画册的封面上放上你的相片，可以吗？

非常抱歉，这个恐怕不行。如果有其他需要帮忙的地方，我一定非常乐意效劳！

的态度，但又不能让对方过于难堪或生气，这就需要应用好拒绝的艺术。

①先扬后抑，先肯定其合理的部分，然后从主观、客观条件加以分析，表示目前有困难而加以拒绝。

②开门见山，说明理由。

③一波三折，先假设对方的设想和要求是好的，然后层层剖析困难和阻力，使对方改弦易辙或收回成命。

④借鉴别人的经验，以期得到对方谅解。

小故事

巧妙应答，化解尴尬

一次，某单位邀请某著名学者来讲学，单位领导设宴欢迎。在开宴前，处长高举酒杯祝酒："欢迎王教授能再次光临我们这儿讲学！"这句本该用在告别宴会上的礼仪语言却用在了欢迎宴会上。好在这位王先生灵活机变，接上了这么一句："感谢你的真诚预邀，我将尽力争取！"巧妙地化解了尴尬。

小贴士

鲍威尔成功的秘诀

急事慢慢说，大事想清楚再说，小事幽默地说；没把握的事小心地说，想不到的事不乱说，伤害人的事坚决不说，没有发生的事不要胡说；别人的事谨慎地说，自己的事怎么想就怎么说；现在的事做了再说，未来的事未来再说。

二、体态语言

体态语言，亦称"人体示意语言"，即通过人体及姿态发出的无声信息，包括人们的动作、姿态、表情等。

1.眼神。

俗话说："眼睛是心灵的窗户。"它是人体传递信息最有效的器官，而且能表达最细微、最精妙的差异，显示出人类最明显、最准确的交际信号。

（1）目光的凝视区域。

①在公事活动中，用眼睛看着对方脸上以双眼为底线、上顶角到前额的三角部位。洽谈业务时，如果你看着对方的这个部位，会显得很严肃认真，别人会感到你有诚意。在交谈过程中，你的目光如果始终落在这个三角部位，你就能把握谈话的主动权和控制权。

②在社交活动中，用眼睛看着对方脸上以两眼为上线、嘴为下顶角的三角部位。一般用于茶话会、舞会及各种类型的友谊聚会。

③在亲人之间、恋人之间、家庭成员之间，凝视位置是从双眼到胸部之间。这种凝视往往带有亲昵爱恋的感情色彩，所以非亲密关系的人不应使用这种凝视，以免引起误解。

33

人眼睛的表现力是极为丰富的，总是受感情制约，只有把握好自己的内心感情，才能发挥眼神最佳的作用。

（2）目光的训练方法。

以下两种方法坚持天天训练，不要间断，必能使目光明亮有神：

①点上一支蜡烛，视点集中在蜡烛火苗上，并随其摆动，坚持训练可达目光集中、有神，眼球转动灵活。

②追逐鸽子飞翔可使目光有神。

2. 微笑。

法国作家雨果说："笑，就是阳光，它能消除人们脸上的冬色。"

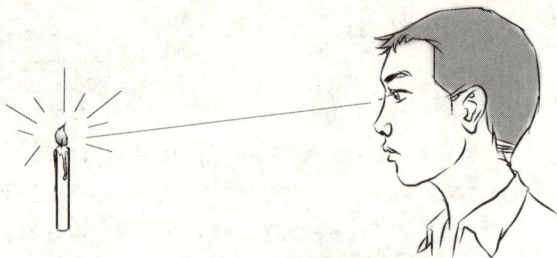

著名画家达·芬奇的杰作《蒙娜丽莎》是文艺复兴时期最出色的肖像作品之一。画中女士的微笑给人以美的享受，使人们充满对真、善、美的渴望，至今让人回味无穷。

（1）微笑的作用。

一是可以调节情绪；二是可以消除隔阂；三是可以获取回报；四是有益身心健康。

微笑的魅力

某公司的老板让员工去找吴科长拿一份重要的材料，可是去了几个都被骂了回来。后来，老板把这个任务交给了小李。见面后，吴科长还是破口大骂，此时小李什么也没有说，只是保持微笑，嘴里不断应着："噢？这样呀？是吗？"吴科长骂了一会儿便停下了，看了看小李说："嗯，这小伙子不错！我也不为难你了，你就拿回去吧！"

就这样，别人没有拿到的材料，小李却拿到了。

（2）微笑的训练方法。

①嘴巴开到底，程度为不露或刚露齿缝的程度，嘴唇呈扁形，嘴角微微上翘。

②对着镜子找出自己唇齿最美的笑容。

③咬筷子也是一个有效的微笑训练方法。

3.手势。

手是人体最富灵性的部位。如果说"眼睛是心灵的窗户"，那么手就是心灵的触角，是人的第二双眼睛。手势在传递信息、表达意图和情感方面发挥着重要作用。

（1）基本手势语。

①手心向上：坦诚直率、善意礼貌、积极肯定、幽默风趣。

②手心向下：否定、抑制、贬低、轻视、反对。

③抬手：打招呼、欢迎你、请过来。

④单手挥动：告别、再会。

⑤翘起拇指：称赞、夸耀。

⑥伸手：想要什么东西。

⑦藏手：不想交出某种东西。

⑧摆手：不同意，请你走开。

⑨拳头紧握：挑战、表示决心，显示团结和力量，提出警告。

⑩用手揉揉鼻子：困惑不解、事情难办。

⑪用手拍拍前额：轻轻拍一拍以示健忘；使劲拍一拍，意味自我谴责。

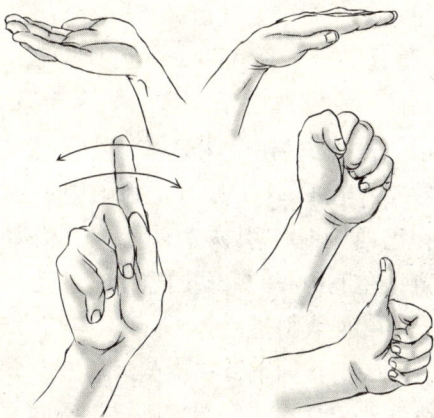

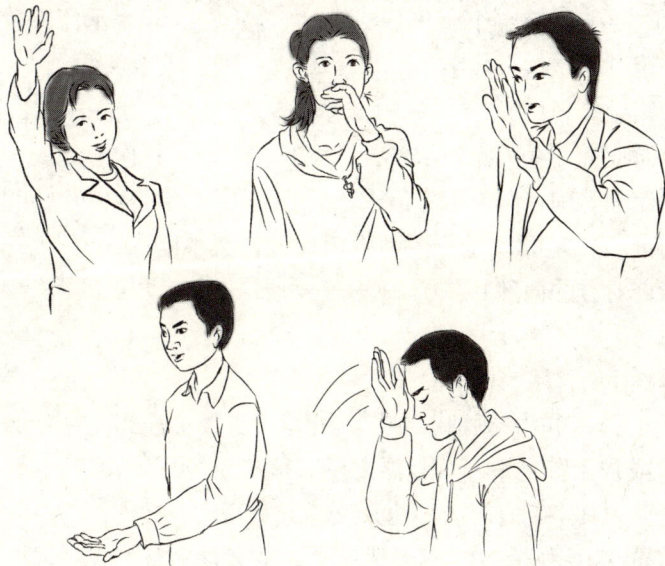

一位美国的工程师被公司派到他们在德国收购的分公司，和一位德国工程师在一部机器上并肩作战。当这个美国工程师提出建议改善新机器时，那位德国工程师表示同意并问美国工程师自己这样做是否正确。这个美国工程师用美国的"OK"手势给以回答。那位德国工程师放下工具就走开了，并拒绝和这位美国工程师进一步交流。后来这个美国工程师从他的一位主管那里了解到这个手势对德国人意味着"你是个屁眼儿"。

"OK"手势到底具有什么含义呢？

（2）不同地区的手势语。

① "OK"的手势。

这种手势在西方某些国家比较常见，但应注意在不同国家其语义有所不同。在美国表示"赞扬"、"允许"、"了不起"、"顺利"、"好"；在法国表示"零"或"无"；在印度表示"正确"；在中国表示"零"或"三"两个数字；在日本、缅甸、韩国则表示"金钱"；在巴西则是"引诱女人"或"侮辱男人"之意；在地中海的一些国家则是"孔"或"洞"的意思，常用此来暗示、影射同性恋。

②伸大拇指手势。

大拇指向上，在说英语的国家多表示"OK"之意或是搭车之意；若用力挺直，则含有骂人之意。在我国则表示赞同、好等。大拇指向下，多表示蔑视、坏、下等人之意。

③ "V"字型手势。

表示胜利（victory 第一个字母）。掌心向内，在西欧表示侮辱、下贱之意。这种手势有时常表示"二"这个数字。

④伸出食指手势。

在我国以及亚洲一些国家表示"一"、"一个"、"一次"等；在法国、缅甸等国家则表示"请求"、"拜托"之意。在使用礼仪手势时，一定要注意不要用手指指人，更不能在面对面时用手指着对方的面部和鼻子，这是一种不礼貌的动作，很容易激怒对方。

⑤捻指作响手势。

就是用手的拇指和中指弹出声响，其语义或表示高兴、或表示赞同、或是无聊之举，有轻浮之感。应尽量少用或不用这一手势，因为其声响有时会令他人反感或觉得没有教养，尤其是不能对异性运用此手势，这是带有挑衅的轻浮之举。

练一练

选择题

1. 体态语言中最常用的一种为（　　）。
   A. 表情语　　　　　　　B. 动作语　　　　　　　C. 手势语

2. 在社交场合初次见面或与人交谈时，双方应该注视对方的（　　）才不算失礼。
   A. 双眉到鼻尖的三角区域内　　　B. 上半身　　　　　C. 颈部

3. 在公共汽车、地铁、火车、飞机上或剧院、宴会等公共场所，朋友或熟人间说话应该（　　）。
   A. 随心所欲　　　　　　B. 高谈阔论　　　　　　C. 轻声细语，不妨碍别人

4. 在人际交往中，最明显、最简单、最生动、最能得到好感的方法是（　　）。
   A. 握手　　　　　　　　B. 拥抱　　　　　　　　C. 记住对方的名字

实训题

1. 每天进行目光训练和微笑训练，同桌之间相互监督练习，并相互记录每天的变化和进步。除了书中的训练方法以外，你还有更好的方法吗？请与大家分享。

2. 如果有人想见你的经理，而你的经理又不想接见他时，你该怎样拒绝呢？请设计一段适合的说辞。

3. 4 人一个小组设计情景进行礼貌谈话。教师对各组的表演进行评价。选出 2 组在班上进行表演，由全班同学选出最佳组，并进行加分奖励。

4. 礼貌语言实训演练——闯关游戏。

   步骤一：
   教师列出八句或更多常用礼貌用语。
   如：初次见面，说"久仰"；
   　　许久不见，说"久违"；
   　　等待客人，说"恭候"；
   　　探望别人，说"拜访"；
   　　起身作别，说"告辞"；
   　　中途先走，说"失陪"；
   　　请人改稿，说"斧正"；
   　　请人帮忙，说"劳驾"。

   步骤二：
   全班同学分成甲、乙两组。甲组站岗，每位同学负责一个提问句式；乙组闯关，每回答一个提问成功闯过一关。

   如：甲1提问："初次见面，请回答。"→乙1回答："久仰。"→甲1答复："回答正确，谢谢。这边请。"（配上请让手势。）

步骤三：

完成一个流程后，甲、乙两组互换角色演练。

步骤四：

教师针对每位同学的表现进行评分和奖励。

本章综合实训

实训名称：(1) 了解个人礼仪对其整体形象的重要性。

(2) 了解个人礼仪所包含的内容及其要求。

(3) 扮演者要根据场景走入真实角色，从着装、仪容、坐姿、站姿及语言艺术等方面展示个人形象。

实训准备：(1) 了解个人礼仪的要求，掌握正确的个人礼仪规范。

(2) 学生分组准备各种模拟场景，如参加面试、颁奖典礼、升旗仪式、拜访朋友等。

实训步骤：(1) 按已定要求，布置场景。

(2) 学生分组分别进行场景角色演绎。

(3) 教师对学生的表演作评价，并组织同学讨论。

自我评价

通过学习，参与模拟训练，对自己作一个客观的评价，用"是"或"否"在表格中填写，并找出原因。

内容	是	否	原因	如何改进
化妆最重要的功能是塑造形象、体现尊重。				
着男士正装西装时，传统上规定配黑色牛皮鞋。				
乘电梯时先上后下，先进电梯的人要靠边站。				
升国旗时，可采用随便的站姿。				
在人际交往中，要养成使用礼貌用语的习惯。				
不论对方是什么人，目光凝视区域都是一样的。				
不同地区的手势语含义是不同的。				
认真倾听是一种修养，它体现了你对他人的尊重。				

第二章

家庭礼仪

禮

人的文明礼貌的养成，是从家庭开始的。家庭对于每个人来说永远是生活的大本营、人生旅途的庇护所和加油站。正如歌词所唱道的"我想有个家"，唱出了每个人的心声，也唱出了家庭的重要性。家人之间虽然存在特殊的亲情关系，但一样有讲究礼仪的必要。这不是虚情假意，也不是"假客气"，而是对家人真心诚意的尊重。

家庭礼仪就是人们在长期的家庭生活中，用以沟通思想、交流信息、联络感情而逐渐形成的约定俗成的行为准则和礼节、仪式的总称。

第一节　家庭成员礼仪

爸爸，你回来了！上班辛苦了，喝杯水吧！

一家人用得着那么客套吗？

谢谢儿子！

苏霍姆林斯基说过："家庭的幸福在于我们彼此的热忱关怀。"

小故事

地震中一位伟大的母亲

　　这是在汶川大地震的一个搜救现场，当抢救人员发现她的时候，她已被垮塌下来的房子压死了。透过那一堆废墟的间隙，可以看到她死亡的姿势，双膝跪着，整个上身向前匍匐着，双手扶着地支撑着身体，有些像古人行跪拜礼，只是身体被压得变形了，看上去有些诡异。

　　救援人员冲着废墟喊了几声，用撬棍在砖头上敲了几下，里面没有任何回应。当人群走到下一个建筑物的时候，救援队长忽然往回跑，边跑边喊："快过来。"他又来到她的尸体前，费力地把手伸进女人的身子底下摸索，他摸了几下高声地喊："有人，有个孩子，还活着。"

　　经过一番努力，人们小心地把挡着她的废墟清理开，在她的身体下面躺着她的孩子，包在一个红色带黄花的小被子里，大概有三四个月大，因为母亲身体的庇护，他毫发未伤，抱出来的时候，他还安静地睡着，他熟睡的脸让所有在场的人感到很温暖。随行的医生过来解开被子准备做些检查，发现有一部手机塞在被子里，医生下意识地看了下手机屏幕，发现屏幕上是一条已经写好的短信："亲爱的宝贝，如果你能活着，一定要记住我爱你。"看惯了生离死别的医生却在这一刻落泪了，手机传递着，每个看到短信的人都落泪了。

　　家庭成员礼仪主要是指家庭成员之间的礼仪规范，如夫妻之间的礼仪、父母子女之间的礼仪、兄弟姐妹及邻里之间的礼仪等。

一、孝敬老人

孝敬的意思就是要赡养、侍奉老人，尊敬、爱护老人。尊老敬长是中华民族的传统美德。

二、尊重父母

作为子女我们暂时还无力从经济上报答父母，但是让父母通过我们的知礼行为得到宽慰，则是不难做到的。那么，作为子女对父母长辈要讲究哪些礼仪呢？

1. 勤问候父母。

在家里，子女向爸爸妈妈勤问候，是尊重和体贴他们的实际表现。过新年时，可别忘了你自己的父母，应向父母说上一声："爸爸、妈妈，新年好！"每逢父母亲的生日或母亲节、父亲节时，应送上一件有意义的小礼物，献上深切的祝福。

小贴士

进父母的房间前要敲门，不可随意翻动父母的个人用品。

2. 多体谅父母。

子女应该宽容地对待自己的父母。当自己的要求被父母否定或拒绝时，子女应该冷静地想一想，理解父母，体谅父母。

jiating liyi

小故事

一天，一个女生将同班一位男同学带回家吃晚饭。妈妈以为她找了男朋友，便不容分说将她狠狠训了一顿。这位女生很爱妈妈，理解妈妈此刻的心情。她不急不恼地等妈妈说完之后，心平气和地解释说："刚才来的男同学，家住农村，今天是星期六，学校不做晚饭，他又回不了家。他家不富裕，没钱下馆子，只好吃昨天的剩饭了。我是他的同学，您说我能看着不管吗？"妈妈听后，觉得女儿说得有道理，于是，不但愉快地接待了那个男同学，还在星期日又招待了他一天。

（1）不让父母为自己担心。

①出入向父母打招呼。

②自己料理个人生活。

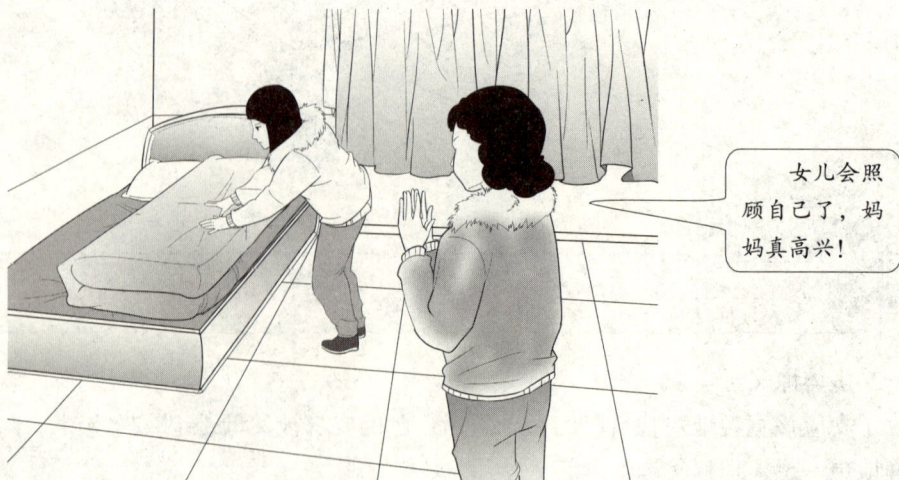

（2）主动参与家务，减轻父母负担。

妈妈，您做饭辛苦了！我来收拾吧！

乖儿子！

（3）关心父母的起居与健康。

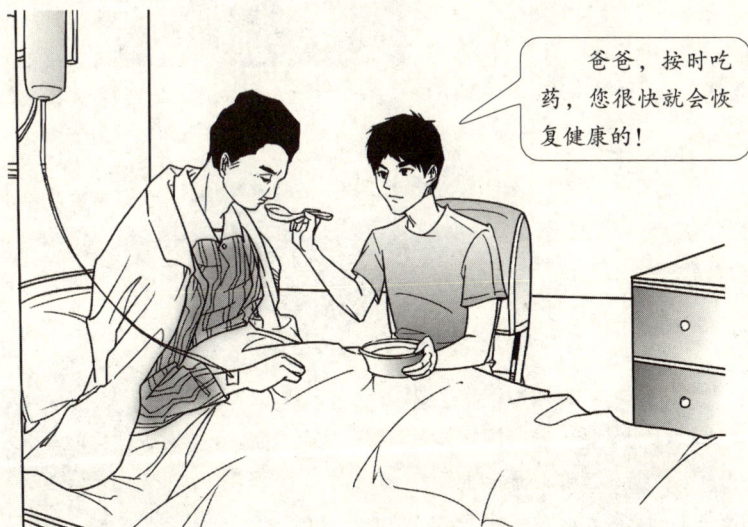

爸爸，按时吃药，您很快就会恢复健康的！

小贴士

生日是母难日。

（4）珍惜父母的劳动，生活节俭，不乱花钱。

jiating liyi

90 后女生带病母读大学

——全国孝老爱亲模范候选人孙莎莎

2005 年，孙莎莎以 600 多分的好成绩被即墨一中提前录取，但是她却高兴不起来："生活不能自理的母亲一个人在家怎么办？"于是她向母亲提出了一个想法——和母亲一起去上学。"妈妈您一个月吃不上一顿热饭，衣服没法换，叫我怎么能安心学习啊？"最终，莎莎说服了母亲，她将家里的房子出租出去，在学校旁边租了一间不足 10 平方米的低矮民房，一边上学一边照顾母亲。她每天早晨 5 点起床做饭，帮妈妈穿好衣服、洗漱，等妈妈吃完饭匆匆收拾一下就背上书包跑向学校；中午下课铃声一响，她便又回到家里给母亲做饭；晚上下了晚自习，她先帮母亲按摩关节，安顿母亲睡下后还经常看书学习到深夜。尽管莎莎已经将生活的花销节俭到了极致，但是两人每天仍然需要至少 3 块钱的生活费。于是每年寒暑假，她都会去工厂打工，有时甚至上完白班上夜班，一天工作超过 16 小时。2008 年，孙莎莎以优异的成绩考入山东省临沂师范学院，实现了自己的大学梦。"走到哪里，我都要带着妈妈。"远赴他乡，她依然选择带上母亲。她们在学校附近租了一间房子，为赚取母亲的医药费、生活费和每月 120 元的房租，孙莎莎争取到了学校提供的勤工助学岗位，利用每天中午和晚自习放学的时间打扫教室卫生，利用周末的时间到社会上发广告宣传单、做促销，赚取微薄的酬劳补贴家用。

三、兄弟姐妹相处的礼仪

融四岁，能让梨

孔融小时候聪明好学，才思敏捷，巧言妙答，大家都夸他是奇童。4 岁时，他已能背诵许多诗赋，并且懂得礼节，父母亲非常喜爱他。

一日，父亲的朋友带了一盘梨，父亲叫孔融他们七兄弟从最小的小弟开始自己挑，小弟首先挑走了一个最大的，而孔融拣了一个最小的梨说："我年纪小，应该吃小的梨，剩下的大梨就给哥哥们吧。"父亲听后十分惊喜，又问："那弟弟也比你小啊？"孔融说："因为我是哥哥，弟弟比我小，所以我也应该让着他。"

兄弟姐妹相处应该互相谦让，彼此爱护。现在我们大多数同学都是独生子女，但也不可避免会与自己的堂兄（弟）、堂姐（妹）、表兄（弟）、表姐（妹）在一起生活，有些甚至会和外来子女在一起共同生活。正确处理好与兄弟姐妹之间的关系，有助于融洽家庭氛围，协调父母和子女间的关系。兄弟姐妹之间相处应该互相体贴关心、互相帮助，产生矛盾时不争不吵、互谅互让、和睦相处。

练一练

实训题

他是个单亲爸爸，独自抚养一个 7 岁的小男孩。因为要赶火车，他一大早便匆匆离开了家门，回到家时孩子已经熟睡了。这位父亲正准备就寝时，突然大吃一惊：棉被下面，竟然有一碗打翻了的泡面。"这孩子！"他在盛怒之下，朝熟睡中的儿子的屁股一阵狠打。"为什么这么不乖，惹爸爸生气？""我没有……"孩子抽抽咽咽地辩解着："我没有调皮，这……这是给爸爸吃的晚餐。"原来孩子为了配合爸爸回家的时间，特地泡了两碗泡面，一碗自己吃了，另一碗给爸爸。可是因为怕爸爸那碗面凉掉，所以放在棉被底下保温。爸爸听了，不发一语地紧紧抱住孩子。"这是世上最……最美味的泡面啊！"

1. 请回忆一下自己每天是否与父母交谈，交谈的内容是什么。

2. 请回忆一两件发生在你与父母之间让你感动的事。

3. 请在父亲节、母亲节或父母生日那天，为父母发送祝福短信或制作一份精美而贴心的礼物。

第二节　家庭称谓礼仪

亲属称谓是家属和亲戚之间称呼的名称，从中可以反映出其相互关系。

1. 对父系长辈的称谓。

对象	称呼	自称
父亲的祖父	曾祖父（老爷爷）	曾孙（曾孙女）
父亲的祖母	曾祖母（老奶奶）	曾孙（曾孙女）
父亲的父亲	祖父（爷爷）	孙（孙女）
父亲的母亲	祖母（奶奶）	孙（孙女）
父亲的哥哥	伯父（伯伯、大爷）	侄（侄女）
父亲的嫂嫂	伯母（大娘）	侄（侄女）
父亲的弟弟	叔父（叔叔）	侄（侄女）
父亲的弟媳	叔母（婶婶）	侄（侄女）
父亲的姐夫、妹夫	姑父（姑丈）	内侄（侄女）
父亲的姐妹	姑母（姑姑、娘娘）	内侄（侄女）

2. 对母系长辈的称谓。

对象	称呼	自称
母亲的父亲	外祖父（外公、姥爷）	外孙（外孙女）
母亲的母亲	外祖母（外婆、姥姥）	外孙（外孙女）
母亲的兄弟	舅父（舅舅）	外甥（外甥女）
母亲的嫂嫂、弟媳	舅母	外甥（外甥女）
母亲的姐夫、妹夫	姨父（姨丈）	外甥（外甥女）
母亲的姐、妹	姨母（姨妈）	外甥（外甥女）

3. 对家庭中的平辈的称谓。

对象	称呼	自称
兄长	哥哥（兄）	弟、妹
兄长的妻子	嫂嫂（嫂）	弟、妹
弟弟	弟弟（弟）	兄、哥、姐
姐姐	姐姐	弟、妹
姐姐的丈夫	姐夫	内弟、内妹
伯、叔的儿子	堂兄或堂弟	堂弟、堂兄、堂妹、堂姐
伯、叔的女儿	堂姐或堂妹	堂弟、堂兄、堂妹、堂姐
姑、舅、姨的儿女	表兄（弟）、表姐（妹）	表弟、表兄、表妹、表姐
姑、舅、姨的儿媳妇	表嫂	表弟、表妹

练一练

实训题

1. 孩子直呼父母的姓名是时尚吗？

2. 请用准确的语言把你身边的亲人、朋友称呼一遍。

第三节　待客与应酬礼仪

一、待客的礼节

1. 约定有客来访，做好迎客准备 → ● 如个人仪表仪容、居室卫生、招待客人用的茶具与烟具以及水果、点心等。

2. 客人不期而至 →
- ● 尽快整理一下房间、客厅。
- ● 敬茶、递烟或端上其他食品。
- ● 上茶时，应用双手，一手执杯柄，一手托杯底。

3. 与客人交谈 →
- ● 如果家人不便参与，则应尽量回避。不要随便插话。
- ● 交谈时，应专心致志。
- ● 不可将客人撇在一边，只顾自己看电视或做家务。

4. 客人来访时，恰逢你有急事要办 →
- ● 不妨向客人说明情况，让客人稍等片刻，并委托家中其他人作陪。
- ● 拿出一些报刊、杂志给客人浏览。
- ● 如无暇接待或要外出，可向客人致歉，另约时间。

5. 客人带来礼物相赠时 → ● 表示谢意或谢绝馈赠，也可相应地回赠礼物。

6. 客人要走时 →
- ● 等客人起身后再相送。
- ● 对于年长的客人、稀客等，主人应送到大门口，然后握手道别，目送客人离去。
- ● 送至电梯口，要等客人进入电梯，且在电梯关门后再离开。

二、做客礼节

前往亲朋好友居所做客，是一种必要的应酬。做客拜访是日常生活中最常见的交际形式，也是联络感情、增进友谊的一种有效方法。

预约 ——
- ● 电话预约，拜访时间不宜选择就餐或对方睡觉的时间。
- ● 遵守约定，准时到达。
- ● 特殊情况不能前去，应提前通知对方，并表示歉意。

敲门 ——
- ● 通常敲三下，或按一下门铃。
- ● 即使门开着，也要敲门或以其他方式告知主人有客来访。
- ● 主人开门后，主动问好，然后进入。

进门后 ——
- ● 外套、雨具等物品应搁放到主人指定的地方。
- ● 主人端上茶来，应从座位上欠身，双手捧接，并表示感谢。

交谈时 ——
- ● 应注意掌握时间 1 小时左右。
- ● 离开时要主动告别，请主人留步并道谢，热情说声"再见"。

jiating liyi

小贴士

做客时不受人欢迎的行为

来回走动、乱翻抽屉箱柜、索要物品、乱摸东西、乱开电器、擅自乱串房间等。

三、探望病人的礼节

适宜：1. 直接到病人病房，把安慰和礼品带给病人。

2. 挑选些水果、营养品和鲜花送给病人。

3. 不能前往时可托朋友送上礼品和真心关怀的语言。

4. 要遵守医院的规章制度，注意规定的探病时间。

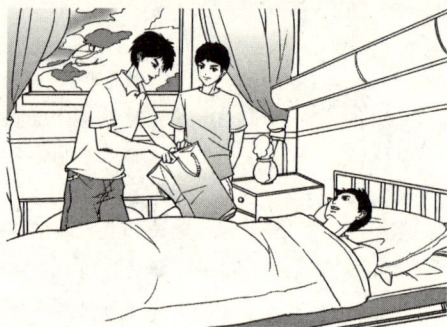

切记：1. 进病房不宜大声谈笑及发出重重的脚步声。

2. 看到病房有瓶子、管子等医疗器械，切莫大惊小怪。

3. 看到痰盂便桶、血迹浓水类，不要躲躲闪闪、面露厌恶的表情。

4. 看到病人消瘦憔悴的病态，也不要愁眉苦脸和害怕。

如果病人患的是传染病或其他不宜直接探望的疾病，则可以改用电话、短信和信函的方式表达问候。

四、邻里和睦相处

人们常说，"远亲不如近邻"，"远水不解近渴"。处理好与邻居的关系，邻里之间和睦相处，会让我们的生活更加美好！

小故事

　　一个老大爷住在一个二十多岁的年轻人的楼下。老人晚上休息得比较早，年轻人总是很晚才回来。偏偏这个年轻人总是穿一双皮靴，走起路来动静极大。每天晚上，老人总会被年轻人发出的巨大声响从梦中惊醒。从年轻人上楼到脱掉两只皮靴，老人每晚只能等他安静下来才继续入睡。终于有一天，老人忍不住告诉年轻人"希望你晚上回来的时候能轻一些"，年轻人很抱歉，答应以后小心。可是就在当天晚上，晚归的年轻人忘记了老人的嘱咐，直到脱掉一只鞋后才想起来。于是他轻轻地脱掉另一只鞋上床睡觉了。第二天，老人又找到年轻人，抱怨道："昨天我一晚上没睡，就等着你把另一只鞋也脱了。"

小贴士

邻里交往五忌

一忌以邻为壑。　　　　　　　　　　　　二忌"各扫门前雪"。

三忌在邻居间说长道短，搬弄是非。　　　四忌无端猜疑。

五忌自以为"常有理"。

练一练

实训题

1. 父母不在家，有父母的朋友突然来访，你会怎么做？

2. 一位女同学不小心受伤住院了，你准备怎样探望她？

3. 设计一个题为"过年印象"的主题班会，同学们分别讲述自己家乡过年的情况，分享各地春节迎来送往的习俗礼仪，从而积累家庭待客与应酬的经验。

第四节　家庭仪式礼仪

　　家庭活动中离不开某些仪式，如祝寿、生日、婚礼、葬礼等。这些仪式都有各自不同的一套行为准则与活动规范，举办者与参加者虽然所处的地位、立场不同，但其行为都应遵从或符合一定的礼仪规范和要求。

一、参加祝寿礼仪

　　中国传统习俗上，晚辈给 50 岁或 50 岁以上的长辈庆祝生辰称为"祝寿"。

　　1. 主办寿宴的晚辈应做好必要的准备。

　　（1）派发请束。请束措词言简意赅，内容主要包括"为谁祝寿"、"寿期何日"、"地点何处"等。

　　（2）布置寿堂。寿堂一般设在堂屋正厅，厅内贴"寿"字，燃寿烛。

　　（3）预备酒水。预备招待宾朋的菜肴和寿酒，以及馒头、寿面、寿桃、寿糕或生日蛋糕等。

　　2. 作为被邀请的对象参加祝寿活动也要做好充分的准备。

jiating liyi

（1）备好寿礼，如期赴约。寿礼一般可选包装精美、做工精细，含有祝贺健康长寿、吉祥如意等意义的食品或物品，农村习惯赠送糕团、寿面等，并放上红纸或由红纸剪成的"寿"字、"福"字，或者寓意长寿和兴旺发达的饰花。

（2）服饰宜选色调明快并含有吉庆之意的红、黄等色。忌穿全黑、全白或黑白相间的服装。

（3）语言要以祝贺、颂扬为主。常用祝寿语有"福如东海、寿比南山"，"寿星高照、松鹤延年"，"身心愉快、天地比寿"，"如松如柏、青春永驻"，"身体康泰"，"寿与天齐"，"大吉大昌"等。

（4）行礼要庄重。通常行抱拳打揖、鞠躬或握手等礼节。

（5）如身在异地他乡，不能前去祝寿，作为晚辈可以用贺电、贺信的方式给老人祝寿，或托人带上寿礼以表自己的孝心。

二、参加生日晚会礼仪

生日，作为出生的纪念日，对一个人很重要，它是一个人的个人编年史。在现代生活中，许多人通常在家中举行小型生日晚会。

1. 在家里举行生日晚会应该做好以下准备。

（1）向至亲好友发出邀请。一般口头邀请即可，主要说明时间、地点以及过生日的主人。

（2）要事先搞好家庭卫生，对房间进行适当装饰布置。

（3）晚会开始前，生日主人应站立在门口迎接客人。

生日蛋糕与生日蜡烛

过生日时，生日蛋糕与生日蜡烛是必备的。生日蛋糕上所插的生日蜡烛的支数要同生日主人的年龄相对应。20 岁以下可用 1 支蜡烛代表 1 岁，有几岁插几支；20 岁以上者，可用 1 支大蜡烛代表 10 岁，1 支小蜡烛代表 1 岁。

蜡烛要提前固定在蜡烛托上，然后把蜡烛托插在蛋糕上面。直接把生日蜡烛插在生日蛋糕上的做法是不可取的。

2. 参加生日晚会时应注意以下礼节。

（1）客人应准时赴约，并赠送生日主人生肖纪念品、生日贺卡或鲜花等生日礼物。生日主人应礼貌受礼，欣表谢意。

（2）客人到齐，晚会便应开始。席间大家为生日主人祝福并合影留念。饭后摆上生日蛋糕，悉数插上生日蜡烛并点燃，大家齐唱《生日快乐歌》，生日主人在祝福声中许愿后吹灭蜡烛，大家鼓掌庆贺。

（3）生日主人亲手用刀划开蛋糕，切成数份，一一送给在座的家长及亲友们，以示感谢。

（4）由生日主人表演第一个节目，之后大家共同表演一些轻松愉快的节目，或举行舞会助兴。

（5）生日晚会结束后，生日主人将来宾送至门外，再次向大家表示感谢。

三、参加婚礼礼仪

1. 参加婚礼的宾客，要注意服装穿戴整洁、大方、喜庆些。

2. 女性要略加修饰，但要注意不可过分招眼，别忘了婚礼的主角是新娘、新郎。

3. 送喜礼可以送实用的物品，如茶具、酒具、厨具等；也可送装饰性或有纪念性的书画、工艺品、别致的玩具，一般送双不送单。

jiating liyi

4. 如要送花宜送花束，玫瑰、月季、康乃馨、长春藤、并蒂莲、百合花、鱼尾草等选择搭配，都可表达良好的祝愿。

四、参加丧礼礼仪

1. 参加丧礼时，一定要注意保持悲伤的情绪。

2. 不能面无表情、无动于衷，更不能露出厌烦的神情或者笑容。

3. 着深色服装（黑色为佳），切忌穿得大红大绿。

4. 与死者有亲属关系的需在衣袖上戴上黑纱，与死者是朋友关系的可在胸前佩上白花。

5. 不可昂首阔步，而应微微低头，缓步慢行。

6. 讲话时发音要低调，不可与参加丧礼的人交头接耳，讨论其他事情，甚至谈笑风生。

7. 坚持参加至丧礼结束，对死者的家属进行劝慰，用温情关切的语言劝其节哀振作精神。

五、参加祭扫礼仪

祭奠是对已逝先人的一种纪念形式，一般可分为家庭祭奠和扫墓祭奠。

1. 家庭祭奠，一般在父母、祖父母的生辰或忌日时举行。通常是面对遗像，点燃馨香三炷并供奉水酒三杯，或者是以素色鲜花一束作为清供，以示纪念。

2.扫墓祭奠，一般在清明节、中秋节或春节举行。点燃馨香三炷，鞠躬悼念，寄托哀思。墓前祭奠，过去凡晚辈都要行跪拜大礼，现在多以三鞠躬代替。整修陵墓。一般是给坟墓培土，并整修墓道。

3.亲友骨灰寄放在殡仪馆的，可献上微型花圈或绢花束，把骨灰盒的积尘掸净，瞻仰遗像，鞠躬行礼，并低头默哀。

练一练

选择题

1.参加婚礼时，男宾应如何穿着打扮？（　　）

　A.一定要着西装并戴领带。

　B.可穿宽松休闲的服装，大方自在。

　C.随意打扮，不用过分讲究。

2.参加婚礼时，女宾怎样打扮比较妥当？（　　）

　A.可穿休闲运动服，随意打扮。

　B.穿着整洁得体，但又不抢新娘风头。

　C.穿得鲜艳漂亮些，可以穿大红色的衣裙和新娘比美。

3.参加婚礼时，应选择什么样的礼物赠送给新人？（　　）

　A.选择家居实用的物品，如钟、伞等均可。

　B.成双成对的礼物。

　C.单送新郎或新娘喜欢的礼物皆可。

4.参加追悼会时，应注意什么？（　　）

　A.情绪可由自己控制，不一定要一直保持悲伤的情绪。

　B.男士可着深色服装，戴浅色或鲜艳的领带。

　C.坚持参加至结束，对死者家属进行劝慰。

5. 参加祭扫应做什么？（　　　）

A. 献上鲜花或花圈，颜色、种类不限。

B. 馨香三炷，鞠躬悼念。

C. 扫墓祭奠时，应给坟墓培土，并整修坟墓。

本章综合实训

实训名称：和谐家庭示范

实训要求：(1) 理解家庭礼仪的重要性。

(2) 熟悉家庭成员称谓。

(3) 了解家庭礼仪的各要素。

实训准备：(1) 除了自己的小家庭以外，还应与邻居和睦共处，互帮互助。

(2) 选择适当的时间去拜访亲戚朋友。

实训步骤：(1) 学生在各自的家庭进行实训，由父母记录每天的实训情况。

(2) 实训时间由教师规定，应为一周或一周以上。

(3) 实训内容至少包括 3 项，如与父母和谐相处、与邻居互帮互助、参加某位亲戚的婚礼或者到爷爷家拜访等。

(4) 实训结束，教师通过家长的实训记录对学生的表现进行评价，并组织家长与学生交叉讨论。

自我评价

通过学习与练习，对自己作一个客观的评价，用"是"或"否"在表格中填写。并找出原因。

内容	是	否	原因	如何改进
亲人之间也要讲礼仪。				
姑姑的儿子称为堂兄。				
参加婚礼可以随便穿。				
走访亲友的时间可不定。				

第三章

校园礼仪

一所学校，可以说是一个小的社会。学生在学校不仅要学习专业技能、文化知识，还应学会做人、做事、处世等。加强个人道德修养，遵守学校的规章制度和校园礼仪规范，养成良好的行为习惯，做到衣冠整洁端庄、举止文明大方，遵守纪律，生活俭朴，讲文明、讲礼貌、重礼仪，为自己将来能够成为一个具有高科学文化素养和文明素养的合格劳动者打下基础。

禮

第一节　学生礼仪的基本要求

"无规矩不成方圆"，制定必要的规章制度，发展健康的舆论，形成良好的校园文化氛围，对引导学生规范自身行为、克服不良的行为习惯、逐步提高自我约束和自我克制的能力有着十分重要的作用。

一、学生仪表

1.仪容仪表要求。

小林，老师不是让你剪头发吗？

我已经剪了，你看不出来吗？

学生穿戴要整洁、朴素、大方。提倡穿校服，头发干净整齐，男生不留长发，女生不烫发、不化妆、不佩戴首饰、不穿高跟鞋，保持整洁干净，勤剪指甲勤洗头。

二、学生行为

1.尊重他人。

文明礼貌的核心是人与人之间的互相尊重。这是学生行为礼仪的基础。

（1）尊重他人的人格。如礼貌待人，不打人，不骂人，不讽刺挖苦别人，不嘲笑别人的生理缺陷，不损害他人的自尊心等。

（2）尊重他人的劳动。如尊重老师

的劳动，上课认真听讲；尊重清洁员的劳动，不在校园内乱扔脏物；尊重父母的劳动，在家里不浪费饭菜等。

（3）尊重少数民族的风俗习惯和宗教信仰。

2. 说话文明。

语言是人们交流思想、表达感情、传递信息的工具。语言文明常常反映心灵的纯洁、情操的高尚；语言粗野是缺乏教养的表现。

学生要注重使用文明语言，做到"和气、文雅、谦逊"。

> 不要给同学起外号。
>
> 忍者龟。

3. 举止有礼。

"行为是心灵的外衣"，行为举止是一个人道德修养的外部表现。不仅在外部动作姿态上要给人以美感，更重要的是在待人接物上要有修养、懂礼貌。

> 对不起！碰到你了。
>
> 没关系！
>
> 早上好！

练一练

实训题

1. 你知道穿校服的意义吗？

2. 当别人不小心踩到你，你会怎么做？当他抱歉地对你说"对不起"时，你会怎样回答他呢？

在学校，上课是学生的天职，因此，遵守课堂纪律是学生最基本的礼貌。

一、上课礼仪

不迟到，按时到，课前准备要做好。

老师到，齐起立，师生问好有礼貌。

迟到了，要报告，允许进来"谢"不少。

好好学习　天天向上

想一想

下图同学的做法对吗？

啊！又迟到啦！什么破闹钟啊！算了，不去了。

学习园地

二、课中礼仪

坐姿正，勿摇晃；专心听，细心想。

要发言，先举手；起立答，声洪亮。

学生在课堂上还应注意：

1. 不吃零食，不说闲话，未经老师允许不随意离开教室。

2. 老师批评自己的错误时应虚心接受，不顶撞老师。

3. 爱护公共设备，保持室内清洁，不在桌、椅、墙等地方乱涂乱画。

三、下课礼仪

下课铃响，老师宣布下课前，学生必须安心听讲；老师宣布下课时，学生全体起立，与老师互道"再见"。待老师离开教室后，学生方可离开。

中职生实用礼仪与训练

想一想

下课铃声刚响完，同学们都等着去吃饭，但是老师还有一点内容没讲完，一个同学已经把书包收拾好了，起身离开了。

这样的行为礼貌得体吗？如果是你，会怎样做呢？

练一练

实训题

1.检查一下，你有没有过以下不良行为。

(1) 无理由迟到，甚至迟到了还推门就进，或找借口开脱；

(2) 在课堂上交头接耳、吃零食、看课外书或伏案大睡；

(3) 上课不关手机，甚至旁若无人地接电话、发短信或听音乐。

2.你能帮你的同桌纠正一下他（她）不对的地方吗？

第三节　师生交往礼仪

古时候，学生初见老师要行跪拜礼，平时见面则行揖礼。尊敬师长是中华民族的传统美德，尊重、理解、宽容是师生和谐相处之道。

小故事

岳飞念念不忘师恩

宋代民族英雄岳飞，幼年丧父，家境贫寒，无钱上学。但他非常好学，私塾老师周侗很喜欢这个勤学的孩子，教育他如何做人，帮助他树立保国安民、建功立业的远大抱负，每逢单日习文，双日习武。还教会他射箭绝技，使他能左右开弓，百发百中。岳飞不负师教，勤学苦练，文武双全。后来他率军收复失地，屡建奇功，成为令金兵闻风丧胆的一代英豪。周侗去世后，岳飞披麻衣，驾灵车，执孝子之礼，以父礼安葬他。岳飞说："老师教我立身处世精忠报国的道理，还把他一生摸索的剑法和武艺都传授给我，师恩是我一生都不能忘怀的。"

看了上面的故事你有何感想？

小贴士

尊师礼仪

见老师要问好，相遇时应礼让；

对老师要诚实，有任务定完成；

教诲时专心听，勿顶撞懂礼貌；

有事问躬身立，交谈时先让座；

办公室要守纪，离开时说再见。

xiaoyuan liyi

想一想

某日，小明和五位同学在校内卫生区劳动。忘记了时间，预备铃响了才匆忙往教室赶，由于小明跑得比较慢，所以没有在上课铃前赶到，结果老师批评了他，他很不服气，为什么其他同学没事，他就要被批评？于是他顶撞老师，并且跑出了教室。

假如是你，你会怎么做呢？

练一练

实训题

1. 课堂讨论：发生下列情况时，你该怎么处理？

（1）当老师不重视我时；

（2）当我和老师意见不一致时；

（3）当老师因不明真相错怪我时；

（4）老师当众批评我时；

（5）老师当众表扬我时；

（6）当老师指派我去干活时。

2. 你心目中的好老师是什么样的？你怎样才能和心目中的老师成为好朋友？

第四节　学生交往礼仪

在学校，同学之间朝夕相处，情同手足，是亲密的伙伴。同学间的深厚友谊是生活中的一种团结友爱的力量。珍惜同学间的友情，处理好同学关系，在自己的学习和成长过程中，甚至在整个人生旅途中都会有很大的益处。注意同学之间的礼貌礼仪，是获得良好同学关系的基本要求。

想一想

有一位同学虽然成绩优异，但面对其他同学的请教，经常只是敷衍了事，结果自己的人缘越来越差。一次活动课上，老师叫同学们自愿结成小组，互相交流，结果班里没有人愿意和他结成小组，弄得他很尴尬。

请分析这位同学与人交往所犯的错误。

一、同学交往的法则

1. 互相尊重。

"不尊重他人，就是一种对自己的不尊重。"同学间应互相尊重，不对同学的相貌、体态、衣着品头论足。尊重他人的人格和生活习惯，不要给同学起带侮辱性的绰号，不要讥笑他人的生活习惯，否则，就会伤害自己伙伴的自尊心，友谊也就会遭到破坏。

小贴士

在学校，常出现同学间互相起外号的情况，被起外号的同学常因被激怒而与其他同学发生冲突，甚至出现不同程度的心理压抑和痛苦。一些青少年杂志社经常接到家长的电话，诉说自己的孩子因受到同学的挖苦和嘲讽，对上学产生了恐惧感，不想继续上学或者要求转学。

2. 礼貌相待。

有些学生认为，同学之间长期相处，友谊日深，亲密无间，不必以礼相待。其实这是错误的。在学校里，时时处处都应与同学礼貌相待。

小贴士

礼貌使有礼貌的人喜悦，也使那些受人以礼貌相待的人们喜悦。——孟德斯鸠

礼貌是最容易做到的事，也是最珍贵的东西。——冈察尔

3. 诚实守信。

诚实是一种美德。有人说，诚实是人生的命脉，是个人价值的体现。与同学相处，更应守信，做人要诚实，不欺不诈、遵守诺言，才会取得他人的信任。特别是借用他人物品要得到他人允许。与他人以诚相见，以诚相处，才能以心换心。

想一想

你知道下图的行为会导致什么样的后果吗?

考试现场

4. 谦虚随和。

与同学相处,要谦虚随和。摆架子、自以为是、趾高气扬、卖弄自己,是无知、幼稚和肤浅的表现,也是同学交往中的一大禁忌。

5. 宽容理解。

宽容是一种美德。"人非圣贤,孰能无过。"与同学相处,要有一颗宽容的心,遇事多为别人着想。即使别人犯了错误,或者冒犯了自己,也不要斤斤计较,以免因小失大。要明白"海纳百川,有容乃大"的道理,即要学会宽容,学会原谅。

×××为什么能当三好学生,他比我差远了!

自大!

6. 团结友爱。

在学校与同学和睦相处,要互帮互助、共同进步。对有缺点的同学不要包庇袒护,也不要挖苦讽刺,应热情关怀,勉励上进;对取得了优异的成绩或进步明显的同学,应该虚心学习,衷心祝贺,不应嫉妒。

二、同学交往的禁忌

1. 人格不平等。

同学之间在人格上是平等的,应该

小心伤口,我帮你包扎一下。

彼此尊重。自傲或自卑都可能人为地拉大与其他同学之间的距离，影响同学关系的正常发展。

小贴士

教育家陶行知有一首著名的《自立歌》："滴自己的汗，吃自己的饭，自己的事自己干，靠人靠天靠祖上，不算是好汉。"

2. 不正当攀比。

同学交往，免不了相互比较，关键看比什么，是比志气、信心，还是比虚荣？如果是比思想进步、学习进步，这无可厚非，值得提倡；但如果是比物质、表象，那就不可取了。盲目攀比往往是虚荣、自卑，甚至是懦弱的表现。

3. 说长道短。

同学间相处要光明磊落，谨言慎行。在背地里说长道短甚至挑拨是非，是同学间最忌讳的事情。

想一想

右图同学的做法对吗？

喔唷，你不知道呀，新来的那个女同学长得那么难看，还爱发脾气。

4. 恶语伤人。

"良言一句三春暖，恶语伤人六月寒。"要自觉培养尊重别人的能力，讲话应温文尔雅，讲究语言美，不要自以为是、出言不逊、恶语伤人。

三、正确处理和异性同学的关系

男女同学间的友好相处是学校里一道美丽的风景线。男女同学交往时，谈吐和举止应该注意分寸，尤其是男生对女生应该特别尊重，处处体现出男子汉的心胸坦荡、气度宽宏的风格。女同学应该大方而不轻浮，谈吐文雅端庄，以体现女性的阴柔秀雅之美。

哇噻，这女生长得好漂亮！

教学楼

你是如何理解这些话的？

1. 早恋是青涩的苦果。

2. 健康的交往是美丽的花朵。

3. 疏导和净化是处理早恋的良方。

男女同学间的交往和友谊是正常的，交往一定要适度，毕竟"男女有别"，应把握双方关系的度，控制自己的感情，避免超越异性交往的界限，否则会让自己情绪不稳定和心态不平衡，影响学业和身心健康。

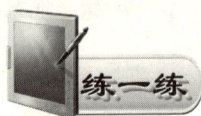

练一练

实训题

1. 在学校，你与老师、同学相处得好吗？若有遗憾，请仔细分析原因，并寻求改善的方法。

2. 小测试：看看你和同学间的关系如何？

(1) 你最近一次和同学交朋友，是因为（   ）。

    A. 你认为不得不交朋友

    B. 他们喜欢你

    C. 你发现这些朋友令人高兴，愉快

(2) 当你度假时，你（   ）。

    A. 希望交到朋友，可是往往很难做到

    B. 喜欢独自一个人消磨时间

    C. 通常很容易就交到了朋友

(3) 你已经定下了和几个以前同学的约会，可是你却因为繁多的作业而疲惫不堪，无法赴约，这时你会（   ）。

    A. 不赴约了，希望对方会谅解你

    B. 去赴约，但问对方如果你早些回家的话，他们是否会介意

    C. 去赴约，并尽量显得高兴

(4) 一个同学向你倾吐了一个极其有兴趣的个人隐私，你常常（   ）。

    A. 连考虑都没考虑，就把这件事告诉了别人

    B. 根据情况决定是否要告诉别人

    C. 为同学保密，不把这件事告诉别人

(5) 当你的同学有困难时，你发现（   ）。

    A. 他们不愿意来麻烦你

    B. 只有与你关系密切的少数朋友才来向你求助

    C. 他们愿意来找你请求帮助

(6) 对于同学的优缺点，你的处置方法是：（　　）。

A. 相信真诚，所以对于看不惯的缺点，不得不指出

B. 喜欢赞扬别人的优点，缺点则尽量回避

C. 既不吹捧奉承，也不求全苛责他们

(7) 在你选择朋友时，你发现（　　）。

A. 你只能和你趣味相同的人友好相处

B. 兴趣、爱好不相同的人偶尔也能谈谈

C. 一般说来，你几乎能和任何人合得来

第五节　校园公共礼仪

公共场所，就是属于社会的、共有公用的场所。校园公共场所的每一善举都是你高尚美丽心灵的真实写照，校园公共场所的任何无礼之举都暴露出你自身修养的缺乏。公共场所是测试你心灵的"实验室"，而规范你行为的"金尺子"就是公德原则。

想一想

当看到以下情境，身临其中的你会有何感受呢？

阅览室

我送你离开千里之外……

xiaoyuan liyi

一、进出校门礼仪

进出校门短短的一瞬间，能反映一个学校的校风校纪和学校成员的精神面貌，反映出你的素养和行为风格。当你走进校门，同学们给予你亲切的问候时，你难道不会产生一种被尊重的感觉吗？你是否也应该给他们行一个注目礼，以表达你的敬意呢？

想一想

这样进学校大门合适吗？

进出校门的礼仪要点：

热情问候，举止有礼；

出入下车，安全有序；

佩戴校牌，遵守纪律。

二、图书馆礼仪

图书馆和阅览室是公共学习的场所，到里面看书学习要讲文明，遵守社会公德。

想一想

当你看到"开天窗"的书籍时，你会怎么想？

如果有你想摘抄的资料，你会怎样做？

在阅览室还有哪些礼仪要求？

三、集会礼仪

集会在学校是经常举行的活动，一般在操场或礼堂举行，由于参加的人数众多，又是正式场合，因此要格外注意集会中的礼仪，要保持集会场所的肃静和良好的秩序。

想一想

某班学生正在值周劳动，很多同学看到升旗仪式已经开始，并在操场上听到了国歌声，但是为了抓紧时间劳动，他们没有停下来。事后，他们没有被表扬反而被老师狠狠地批评了一顿，这是为什么？

1. 升旗仪式礼仪。

衣着整洁庄重，有校服的学校应要求学生穿校服。队伍整齐，表情庄重。

小贴士

国歌的来历

《义勇军进行曲》是田汉、聂耳于1935年创作的。原为电影《风云儿女》的主题歌，现为中华人民共和国国歌。

2. 课间操礼仪。

下课铃响后，同学们要迅速有序地走下楼梯，按指定地点站好，准备做课间操。做操时要保持安静，不要随便讲话；按时出勤，不要无故缺席；做操时，动作要到位、有力、合拍，姿势要准确。

3. 上台礼仪。

上台时，走姿稳健大方，站姿端正，表情举止自然大方，仪表仪容整洁干净。若要在大会上发言应先向师生和听众致礼，发言结束要道谢。接受奖品、奖状时要用双手去接，并向授奖者行鞠躬礼致谢，然后面对台下，将奖品高举过头顶向观众展示后双手拿好贴放胸前。参加表演者对观众给予的热烈掌声应行鞠躬礼，微笑致谢，从指定的台口上场和退场。

4. 庆典活动礼仪。

参加开学、散学典礼或庆典仪式等集体活动应准时整队按秩序入场、退场。仪式进行过程中，要保持会场肃静，不随意说笑走动，不可迟到或早退，不做与大会无关的事情。姿势要端正，必要时需统一着装。

四、宿舍礼仪

想一想

张磊学习努力，经常帮助他人，但是他很喜欢在宿舍里面"夜半歌声"，有时同学们都就寝了，他才开始洗澡。久而久之，他在宿舍的人缘也就越来越差。这是为什么呢？

宿舍是学生共同休息、生活的场所。只有休息好，才能有旺盛的精力投入学习。住宿生不仅应该自觉遵守学校制定的住宿守则，还应该自觉遵守住宿生之间的一些礼仪，共同创造良好的生活、休息环境。

宿舍成了宠物乐园了。

小贴士

你年轻，我年少，集体宿舍要关照；早起要轻声，动作尽量小；晚归少开灯，甜梦勿打扰；被褥整齐叠，衣服勤换洗；待客游戏有节制，事事有度顾集体。

（1）遵循以礼相待，互相谦让、先人后己，助人为乐，礼让三分的原则。

（2）自觉遵守集体的生活秩序和作息时间，按时起床、入寝、熄灯，不影响他人休息。

（3）主动承担打扫、擦洗宿舍地板、桌椅门窗的劳动，保持宿舍整洁。

（4）被褥折叠整齐美观，衣服、鞋帽及其他生活用品摆放整齐，放置在合适的地方。

（5）不随便翻动、使用别人的物品，自己的钱物等贵重物品小心存放好。

（6）在宿舍接待自己的亲朋好友，应与同宿舍同学打招呼，主动介绍，注意不要影响他人休息。

（7）到其他宿舍串门应打招呼，经允许后方可进门，主动向其他同学致意，不随便坐别人的床，串门时间也不宜太长。

五、餐厅就餐礼仪

俗话说得好:"人是铁,饭是钢。"人不能不吃饭,在学校,学生通常吃饭的地方就是学校的餐厅。餐厅是一个重要的公共场所,在餐厅的所作所为要考虑到自己的学生形象,要注重一定的就餐礼仪。

小贴士

取饭菜,排队买;
待同学,语和蔼;
用餐时,要安静;
姿势正,吃相雅;
讲卫生,不乱扔;
相碰撞,莫责怪;
讲节约,按量买;
关好水,不浪费。

六、观看体育比赛、演出礼仪

1. 观看体育比赛礼仪。

在体育场观看比赛,是学生校园文化生活之一。在这样轻松的娱乐活动中,你的行为方式是否符合礼仪规范呢?

观看体育比赛礼仪要点:

服饰得体,提前入场;
按号就位,专心观看;
赢球喝彩,输球打气;
注意情绪,不可失礼;
遵守秩序,礼貌用语;
友谊第一,比赛第二;
比赛结束,掌声感谢;
人走场净,退场有序。

2. 观看演出礼仪。

(1) 着装适宜,不穿背心、拖鞋等。

(2) 提前 15 分钟进场,对号入座;如果迟到,应先就近入座,或先在厅外等候,等幕间休息时再入场。

(3) 摘下帽子,将手机关闭或调至静音,保持安静,不随意走动。

(4) 演出中，应适时鼓掌，不中途退场。演出结束，应起立鼓掌，有序退场。

七、公共厕所礼仪

学校的公共厕所不仅是为了满足全校师生生活、生理需要的重要场所，也是反映学生文明程度的重要窗口。

随手冲一冲
干净又轻松

厕后应洗手
用水应节约

给自己养成个好习惯
为别人留下个好环境

出入请关门

为了您和他人的健康，请不要在厕所吸烟

便后冲水

八、网络礼仪

计算机互联网已经走进了我们的生活，网络的发展增进了学生与外界的交往，有利于创造全新的生活方式和发展空间。网络是和谐的新家园，对待家园要爱护珍惜。

小贴士

全国青少年网络文明公约

要善于网上学习，不浏览不良信息；
要诚实友好交流，不侮辱欺诈他人；
要增强自护意识，不随意约会网友；
要维护网络安全，不破坏网络秩序；
要有益身心健康，不沉溺虚拟时空。

九、成人仪式

成人仪式是指为达到法定成年期的少年举行的一种仪式，以此确认其为成年，接纳为社会的正式成员。法律规定，年满 18 岁方为成年人，因此，成人仪式是中职生一个非常重要的节日。成人仪式不仅让同学们意识到自己已经是成年人，更意识到自己肩上的重任，要对社会和家庭负责任，并将履行法律上赋予成年人的一切权利和义务。

成人仪式

小贴士

18 岁成人仪式的一般程序

唱国歌→党的祝愿→前辈的祝福→父母的期望→成人的心声（18 周岁中学生代表）→宣读成人誓词（面对国旗，左手持宪法，右手握拳举起）→授成人纪念册、成人证→开展"我为社会尽一责"志愿者服务活动

练一练

选择题

1. 尊重他人人格应做到（　　）。

　　A. 不打人，不骂人　　　　　　　　B. 不讽刺挖苦别人

　　C. 不嘲笑别人的生理缺陷　　　　　D. 不损害他人的自尊心

2. 下列属于尊重他人的劳动的行为的是（　　）。

xiaoyuan liyi

A. 上课认真听课　　　　　　　　　　　B. 吃完所有在食堂打的饭菜

C. 不乱扔垃圾　　　　　　　　　　　　D. 在别人出好的黑板报上乱涂乱画

3. 升国旗的时候应做到（　　　）。

A. 国歌响起应起立　　　　　　　　　　B. 应跟着音乐一起高唱国歌

C. 升旗的过程中应该始终保持肃静　　　D. 升旗的时候来了个电话可以接听

4. 下列对于使用学校卫生间的说法正确的是（　　　）。

A. 便后冲水　　　　　　　　　　　　　B. 废弃的塑料袋可以往厕所里扔

C. 心情不好时在厕所里大喊大叫　　　　D. 在厕所里可以吸烟

5. 网络使用应做到（　　　）。

A. 不浏览非法网站　　　　　　　　　　B. 不传播和主动查找色情音像文件

C. 不沉迷于网络游戏　　　　　　　　　D. 网络恋情可以谈

实训题

1. 参加学校集会不应有哪些行为？（至少写出 8 种）

2. 在宿舍，有与你关系不好的舍友吗？请尝试改善你们的关系。

本章综合实训

实训名称：模范校园生活一整天

实训要求：（1）理解校园礼仪的重要性。

（2）了解校园礼仪所包含的内容及其要求。

（3）掌握从起床、升旗到上课、做操，以及参加学校组织的活动等的礼仪规范。

实训准备：（1）根据校园生活一整天所包含的内容做好个人形象礼仪准备。

（2）为自己的实训考核做好各项记录准备。

实训步骤：（1）学生分组练习，一对一互相监督并记录对方当天的表现情况。

（2）在教师的指导下进行，并由教师作出评价记录。

（3）学生通过监督别人分析自己的优点与不足，并在今后的学习生活中加以改进。

自我评价

通过学习，对自己作一个客观的评价，用"好"或"不好"在表格中填写。并找出原因。

内容	好	不好	原因	如何改进
你与同学的关系如何？				
你与老师的关系如何？				
你对校园礼仪规范运用得如何？				

第四章

社交礼仪

俗话说"礼多人不怪",只有懂礼节,重礼节才会让别人尊敬你、认同你、亲近你,无形之中拉近你与他人的距离,拓宽人脉,让自己在社会上轻松立足,并快乐地生活。

社交礼仪是指在人际交往、社会交往和国际交往活动中,用于表示尊重、亲善和友好的首选行为规范和惯用形式。

第一节　致意礼仪

小故事

古时候，有一个男人想去一座寺庙，可是他并不认识路。正在迷惑时，身边刚好有一个老伯伯走过，于是他一把挡在老伯伯前，大声说道："喂，老头儿！快告诉我××寺庙在哪里！还有多远啊？"老伯伯望了望他，平静地说："无礼（五里）。"于是，他往前走了五里，但并没有看到他想去的那座寺庙。这时候，他寻思着老伯伯的话，突然明白了什么。

小贴士

礼节及礼貌是一封通向四方的推荐信。

——英国女王伊丽莎白

一、握手礼

小贴士

握手礼的起源

握手的风俗，据说起源于十字军东征时代。两人见面握手，表示手中没有武器，不存在敌意，那当然就是朋友了。这项风俗就这样一直流传下来，成了今天全世界通行的见面礼。

握手是在一般交际场合最常使用、适应范围最广的见面致意礼节。它有致意、亲近、友好、寒暄、道别、祝贺、感谢、慰问等多种含意。

握手的先后顺序根据握手人的社会地位、年龄、性别和身份来确定一般遵循"尊者优先伸手"的原则。

(1) 上下级握手：下级要等上级先伸出手。

(2) 长幼握手：年轻者要等年长者先伸出手。

(3) 男女握手：男士等女士伸出手后，方可伸手相握。

(4) 宾主级握手：主人应主动向客人伸出手而不论男女。

（5）朋友、平辈见面：先伸出手者表示更有礼貌。

1. 握手礼正确姿势的训练。

两人相距约一步，上身稍前侧，伸出右手，四指并拢，拇指张开，两人的手掌与地面垂直相握，上下轻摇，一般两三秒为宜，握手时注视对方，微笑致意或简单地用言语致意、寒暄。

2. 握手时的注意事项。

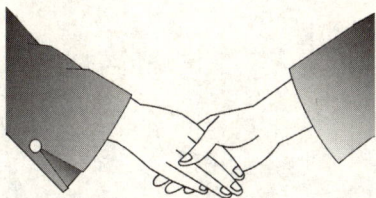

（1）要注意力集中，不要左顾右盼，切忌一边握手一边跟其他人打招呼。

（2）见面与告辞时，不要跨门槛握手。

（3）除年老体弱或残疾人以外，握手一般是站着相握，坐着握手是很失礼的。

（4）单手相握时左手不能插口袋。

（5）男士勿戴帽或戴手套与他人相握，穿制服者可不脱帽，但应先行举手礼，再行握手礼。女士可戴装饰性帽子和装饰性手套行握手礼。

（6）忌用左手同他人相握，除非右手有残疾。当自己右手脏时，应亮出手掌向对方示意声明，并表示歉意。

（7）握手力度要均匀，对女性一般象征性握一下即可，但握姿要沉稳、热情和真诚。

二、鞠躬礼

鞠躬礼是一种人们用来表示对别人的恭敬而普遍使用的致意礼节，既可以应用在庄严肃穆或喜庆欢乐的仪式中，也可以应用于一般的社交场合；既可应用于社会，也可应用于家庭。如下级向上级、学生向老师、晚辈向长辈行鞠躬礼表示敬意，上台演讲、演员谢幕时向观众行鞠躬礼等。

1. 鞠躬礼标准姿势的训练。

身体上部向前倾 15°～90°，具体的前倾幅度视行礼者对受礼者的尊重程度而定，双手在上体前倾时自然下垂，而后恢复立正姿势。

shejiao liyi

通常，受礼者应以与行礼者的上体前倾幅度大致相同的鞠躬还礼，但是，上级或长者还礼时，可以欠身点头或在欠身点头的财时伸出右手答之，不必以鞠躬还礼。

2. 鞠躬时的注意事项。

（1）鞠躬要脱帽，戴帽鞠躬是不礼貌的。

（2）鞠躬时，目光应该向下看，表示谦恭的态度。不可以一边鞠躬一边翻起眼看对方，这样做姿态既不雅观，也不礼貌。

（3）鞠躬时，嘴里不能吃东西或叼着香烟。

三、鼓掌礼

鼓掌礼是意在欢迎、欢送、祝贺或鼓励他人的一种礼节。

1. 鼓掌礼标准动作的训练。

面带微笑，抬起两臂，将左手手掌置于胸前，掌心向上，以右手除拇指外的其他四指轻拍左手中部。节奏要平稳，频率要一致。

2. 鼓掌时的注意事项。

（1）表示喜悦的心情时，可使掌声热烈些。

（2）表达祝贺时，可使掌声时间持续欠些。

（3）观看文艺演出时，则应注意勿使掌声打扰演出的正常进行。

（4）通常情况下，不要对他人"鼓倒掌"。既不要以掌声讽刺、嘲弄别人，也不要在鼓掌时伴以吼叫、吹口哨、踩脚、起哄，这些做法会破坏鼓掌本来的意义。

练一练

实训题

常见的致意礼仪有哪些？你会了吗？请与其他同学相互监督练习。

第二节　介绍礼仪

介绍是社交场合中相互了解的基本方法。通过介绍，可以缩短人们之间的距离，可使他们更好地交谈、更多地沟通和更深入地了解彼此。常用的介绍类型有自我介绍、他人介绍、集体介绍和名片介绍等。

一、自我介绍

自我介绍，就是在必要的社交场合，把自己介绍给其他人，以使对方认识自己。

恰当的自我介绍，不仅能增进他人对自己的了解，有时还会获得意料之外的效果，给他人留下深刻的印象。

应酬型

　　适用于一般性的人际接触，只是简单地介绍一下自己。

　　如："您好！我的名字叫×××。"

沟通型

　　适用于普通的人际交往，意在寻求与对方交流或沟通。

　　如："您好！我的名字叫×××，广西人，现在在一家银行工作。您喜欢看足球吧？嗨，我也是一个足球迷！"

工作型

　　以工作为介绍的中心，以工作会友。

　　如："女士们，先生们，各位好！很高兴有机会把我介绍给大家。我叫×××，我是海风公司的业务经理，专门营销电器，有机会的话，我随时都愿意替在场的各位效劳。"

礼仪型

　　适用于正式而隆重的场合，属于一种出于礼貌而不得不作的自我介绍。

　　如："大家好！在今天这样一个难得的机会中，请允许我作一下自我介绍。我叫×××，来自南宁××公司，是公司的公关部经理。今天，是我第一次来到美丽的桂林，这里美丽的风光一下子深深地吸引了我，我很愿意在这多待几天，很愿意结识在座的各位朋友，谢谢！"

自我介绍时的注意事项：

面带微笑，热情大方；

音量适中，简洁明了；

实事求是，切勿夸张。

小贴士

　　正式的自我介绍应包括"单位＋部门＋姓名＋职务（岗位）"四大要素。

二、他人介绍

　　在我们日常生活中，介绍与被介绍均起着非常重要的作用，青少年朋友可通过相互介绍扩大了自己的朋友圈子，友谊就在这样周而复始的相互介绍中生根发芽。

小贴士

　　为他人介绍，要在介绍彼此的姓名、工作单位时，为双方找一些共同的话题，如双方的共同爱好、共同经历等。

1. 他人介绍的训练。

(1) 尊者优先，先提某人的姓名是一种敬意，如"李局长，我来给您介绍一下张科长"。

(2) 介绍时，一般都要起立。

(3) 介绍时应有礼貌地用手示意，同时，眼神要随手势指向被介绍者，切不可用手指随便地指指点点。

2. 他人介绍时的注意事项。

(1) 将男士先介绍给女士。

(2) 将年轻者先介绍给年长者。

(3) 将地位低者先介绍给地位高者。

(4) 将未婚者先介绍给已婚者。如两个女子之间，未婚的女子明显年长，则应将已婚者介绍给未婚者。

(5) 将客人介绍给主人。

(6) 将后到者先介绍给先到者。

小贴士

集体介绍

集体介绍是他人介绍的一种特殊形式，被介绍者一方或双方都不止一人，大体可分两种情况：一是为一人和多人作介绍；二是为多人和多人作介绍。

集体介绍应注意以下几点：

(1) "少数服从多数"，当被介绍者双方地位、身份大致相似时，应先介绍人数较少的一方。

(2) 强调地位、身份。若被介绍者其中一方地位、身份较高，即使人数较少或只有一人，也应将其放在尊贵的位置，最后加以介绍。

(3) 单向介绍。在演讲、报告、比赛、会议、会见时，往往只需要将主角介绍给广大参加者。

(4) 若一方人数较多，可采取笼统的方式进行介绍，如"这是我的家人""这是我的同学"等。

(5) 若介绍的不止两方，应按排列的位次进行介绍。

三、名片介绍

在人际交往中，名片不但能推销自己，也能很快地助你与对方熟悉。它就像持有者的颜面，不但要很好地珍惜，还要懂得怎样去使用它。

1. 名片的内容与分类。

名片的基本内容一般有姓名、工作单位、职务、职称、通讯地址等，也有把爱好、特长等情况写在上面的。一般情况下，名片可分为交际类和公关类。

交际类名片除基本内容外，还可以印上组织的徽标，或可在中文下面用英文写，或在背面用英文写，便于与外国人交往。

张 ＊＊
经　理

广西 ＊＊ 有限公司
地址：广西南宁市＊＊路＊＊＊号
电话：0771-＊＊＊＊＊＊＊＊　　0771-＊＊＊＊＊＊＊＊
传真：0771-＊＊＊＊＊＊＊＊
邮箱：＊＊＊＊＊＠＊＊＊.com
网址：www.＊＊＊＊＊＊＊＊＊＊＊.com.cn

Zhang ＊＊
Manager

Guang Xi ＊＊ co.,ltd
No.＊＊＊ ＊＊ROAD NanNing GuangXi
TEL: 0771-＊＊＊＊＊＊＊＊　　0771-＊＊＊＊＊＊＊＊
FAX: 0771-＊＊＊＊＊＊＊＊
E-mail: ＊＊＊＊＊＠＊＊＊.com
Http:// www.＊＊＊＊＊＊＊＊＊＊＊.com.cn

公关类名片可在正面介绍自己，背面介绍组织，或宣传经营范围。此类名片具有广告效应，可使组织收到更大的社会效益和经济效益。

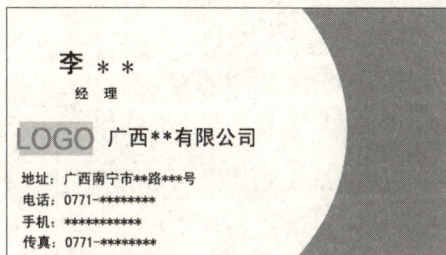

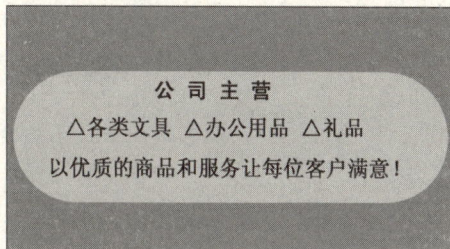

李 ＊＊
经　理

LOGO 广西＊＊有限公司
地址：广西南宁市＊＊路＊＊＊号
电话：0771-＊＊＊＊＊＊＊＊
手机：＊＊＊＊＊＊＊＊＊＊＊
传真：0771-＊＊＊＊＊＊＊＊

公 司 主 营
△各类文具 △办公用品 △礼品
以优质的商品和服务让每位客户满意！

2. 交接名片正确姿势的训练。

应面带微笑，稍欠身，注视对方。

递名片时，应将名片正对着对方，用双手的拇指和食指分别持握名片上端的两角递给对方。

接受他人递过来的名片时，应用双手的拇指和食指接住名片的下方两角，态度要毕恭毕敬，使对方感到你对名片很感兴趣。接到名片时要认真地看一下，可以说"谢谢"、"能得到您的名片，真是十分荣幸"等，然后郑重地放入自己的名片夹或其他稳妥的地方。

3. 交接名片时的注意事项。

（1）一般是地位低的人先向地位高的人递名片，男性先向女性递名片。

（2）当对方不止一人时，应先将名片递给职务较高或年龄较大者；或者由近至远处递，依次进行，切勿跳跃式地进行，以免对方误认为你厚此薄彼。

（3）如果是坐着的，应当起立或欠身递送，递送时可以说："我是××，这是我的名片，请笑纳。""我的名片，请你收下。""这是我的名片，请多关照。"之类的客气话。

（4）在递名片时，切忌目光游移或漫不经心。

（5）接过对方的名片时切忌一眼不看就随手放在一边，也不要在手中随意玩弄，否则会伤害对方的自尊，影响彼此的交往。

小贴士

向他人索要名片最好不要直来直去，可委婉索要。

方法一

"积极进取"。可主动提议："某先生，我们交换一下名片吧"，而不是单要别人的。

方法二

"投石问路"。即先将自己的名片递给对方，以求得其予以"呼应"。

方法三

虚心请教。比如说："今后怎样向您求教"，以暗示对方拿出自己的名片来交换。

方法四

呼吁"合作"。例如，可以说："以后如何与您联系？"这也是要对方留下名片。

练一练

实训题

1. 假设你带表妹去参加一位同学的生日聚会，你会如何将自己和表妹介绍给大家呢？

2. 请与同学练习交接名片的礼仪，并互相指出不足的地方，然后改正。

第三节　电话礼仪

电话是一种常见的通讯、交际工具。打电话逐渐成为人们日常生活中重要的交际方式。它主要靠声音进行交流，因此，打电话和接听电话者均应格外注意音量、语气及谈话内容，以便给对方留下美好的印象。

1. 打电话礼仪。

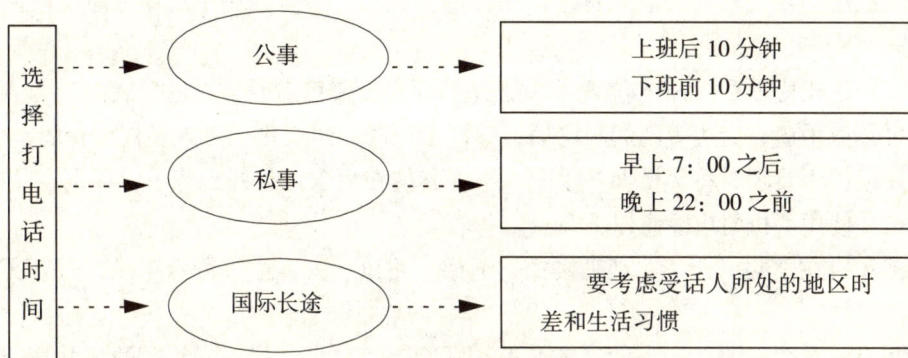

选择打电话时间	公事	上班后 10 分钟 下班前 10 分钟
	私事	早上 7：00 之后 晚上 22：00 之前
	国际长途	要考虑受话人所处的地区时差和生活习惯

2. 通话准备。

通话准备	确定受话人的电话号码
	想好谈话的内容
	做好谈话的纪要

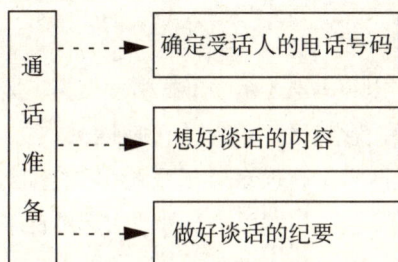

小贴士

电话记录：

×× 先生

×月×日×时×分××公司××先生来电

☆要点

☆有无回电话必要

☆回电话给谁

☆对方电话号码

☆听电话者姓名

通话时应注意：

（1）谈话简明扼要，时间以 2 分钟为宜。

（2）交谈完毕应道谢。

（3）如对方是长辈或上级，应让对方先放下电话，自己再轻轻放下电话。

3. 接电话礼仪。

（1）电话铃响 3 遍之前就应接听，响 6 遍后才接就应道歉。

（2）接到打错的电话，应心平气和地告诉对方打错了电话，如有可能可为对方提供一点线索。

（3）对方道歉时，说声"没关系"。对方致谢时，回答"不客气"。

（4）由打进电话的一方先放电话，接电话一方再轻轻放下电话。

通话中不时地说"嗯"、"好"以表示在倾听。

电话铃响，拿起电话："您好！我是××公司××科……"

4. 手机的使用礼仪。

手机作为现代移动通讯工具，使用普遍。在公共场合使用手机应注意必要的礼仪规范。

（1）手机应放在合适的位置，如随身携带的公文包内或上衣内口袋内。与人交谈时，可暂放手边、身边等不起眼之处；参加会议时，可交由会务人员代为保管。

切记：不要随时将手机握在手中，不将其挂在上衣口袋外、脖子上或别在腰间。

（2）使用手机时应注意以下几点。

①不应在公共场合，尤其是楼梯、电梯、路口、人行道等特殊路段，旁若无人使用手机。

②不应在图书馆、音乐厅、美术馆、影剧院等要求"保持安静"的公共场所，使用手机通话。

③不应在开会或与人交谈时使用手机，以免给人造成用心不专、不懂礼节的不良印象。

④不在驾车时使用手机。

⑤不在加油站、油库、面粉厂等处使用手机，以免因电子信号干扰引发火灾、爆炸。

⑥不在病房内使用手机，以免发生信号干扰，影响医疗仪器的正常运行。

⑦不在飞机飞行期间使用手机，以免因电子信号干扰航班导航系统引发空难。

⑧不在涉及商业秘密、国家安全等事项中使用手机，以免因信息外泄引起不良事端。

练一练

实训题

接电话、打电话的礼貌用语训练。

（1）您好!这里是×××公司×××部（室），请问您找谁?

（2）我就是，请问您是哪一位……请讲。

（3）请问您有什么事?（有什么能帮您）?

（4）×××同志不在，需要我替您转告吗?（请您稍后再来电话好吗？）

（5）对不起，这类业务请您向×××部（室）咨询，他们的号码是……〔×××同志不是这个电话号码，他（她）的电话号码是……〕

（6）您打错电话了，我是×××公司×××部（室）……没关系。

（7）您好! 请问您是×××单位吗?

（8）我是×××公司×××部（室）×××，请问怎样称呼您?

（9）请帮我找×××同志。

（10）对不起，我打错电话了。

（11）对不起，这个问题……请留下您的联系电话，我们会尽快给您答复，好吗?

第四节　拜访礼仪

一、拜访礼仪

在日常生活或工作中，我们常常因为各种原因要去拜访亲戚朋友或客户。那么，在拜访过程中，要怎么做才能达到我们想要的拜访效果呢？

1. 提前预约。在国外，尤其是西方国家，拜访别人事先预约，这是最基本的礼貌准则。

小贴士

> 与美国人预约，最好提前一周，美国人性情开朗，个人计划较多，拜访前最好再用电话联系确定一下。
>
> 德国人作风严谨，未经邀请的不速之客，有时会被他们拒之门外。
>
> 日本约会的规矩较多，事先联系、先约优先和严守时间是日本人约会的三条基本原则。

2. 了解拜访对象的基本情况，准备拜访时可能用到的资料。

3. 守时践约。如确因意外情况而不能赴约或需要改期，应事先通知对方，并表示歉意，因为失约或迟到均属不礼貌行为。

4. 注意仪表仪容。为了对主人表示敬重之意，拜访做客要仪表端庄，衣着整洁。

5. 明确谈话主题、思路和话语。

6. 到达后注意入室礼仪。切忌不拘小节，失礼失仪。主人开门迎客，务必主动问好。入室之前要在踏垫上擦净鞋底，不要把脏物带进主人家里。

小贴士

> 入室后的"四除去"——帽子、墨镜、手套和外套。

7. 控制好拜访时间。一般说来，下午四五点或晚上七八点是最佳的拜访时间。一定要注意错过吃饭、午饭后和临睡前的时间。

8. 拜访异性朋友，要避免误会与尴尬。

二、会客礼仪

轻敲三下，耐心等候。

来了！

积极热情，笑脸相迎。

谢谢！快请进！

你好，小小礼品，不成敬意，请您笑纳。

茶水温度适中，七分满。

请用茶！ 请用茶！

认真倾听，答复慎重。

共进晚餐，礼貌款待。

好的，我送你，欢迎下次再来！

谢谢您的款待！请留步！再见！

会客时的注意事项：

1. 对来访者的意见和观点不要轻率表态，应思考后再作答复。对一时不能作答的，要约定其他时间再联系。

2. 对能够马上答复的或立即可办理的事，应当场答复，迅速办理。

3. 正在接待来访者时，有电话打来或有新的来访者，应尽量让其他人接待，以避免中断正在进行的接待。

4. 对来访者的无理要求或错误意见，应有礼貌地拒绝，不要刺激来访者。

5. 如果要结束接待，可以婉言提出借口，如"对不起，我要参加一个会，今天先谈到这儿，好吗？"等，也可用起身的体态语言告诉对方就此结束谈话。

6. 送客时，一般应送客人到门口，特殊客人可送到楼梯口或楼下。

三、馈赠礼仪

人们相互馈赠礼物，是人类社会生活中不可缺少的交往内容。得体的馈赠，恰似无声的使者，给交际活动锦上添花，给人们之间的感情和友谊注入新的活力。

馈赠礼仪应遵循三个原则：

1. 轻重原则。馈赠的礼物应轻重得当，以对方能愉快接受为度。

2. 时机原则。馈赠礼物时，及时、适当是最重要的。

小故事

　　国际著名影星黛丽·赫本十分爱狗。多年来一直豢养着一只叫杰西的长耳罗塞尔种的小猎犬。白天，杰西那无忧无虑和温柔的品性，令赫本感到平和温情；夜晚，杰西暖融融地依偎在赫本的脚旁，伴她入睡。然而，有一天，杰西误吃了毒药，很快就死了，赫本爱犬心切，竟无法控制自己，一连数日，终因悲伤过度而一病不起。这时，她的朋友克里斯多夫·格里文森托人给她送来了又一只长耳罗塞尔狗，它叫彭妮，小巧玲珑，毛色白亮，十分可爱。彭妮给了赫本无限的慰藉，赫本说："彭妮不仅使我恢复了健康，也赐给我无限的幸福，它真是来自天堂的宝贝。"

　　只有在最需要时得到的礼物才是最珍贵的，才是最难忘的。

小贴士

不宜送的礼物

送钟代表"送终"；

送鞋代表"邪气"；

送梨代表"离别"；

送伞代表"分散"。

3. 效用性原则。就礼品本身的实用价值而言，人们经济状况不同、文化程度不同、追求不同，对礼品的实用性要求也不同。

礼品选择的技巧：

对家贫者，以实惠为佳。

对富裕者，以精巧为佳。

对恋人、爱人，以纪念性为佳。

对朋友，以趣味性为佳。

对老人，以实用为佳。

对孩子，以启智新颖为佳。

对外宾，以特色为佳。

想一想

你能通过口头表述的形式赠送好友一份特殊的生日礼物吗？

练一练

实训题

　　假设你的同学小覃邀请你周末到他家做客，你会做些什么准备？当你去到他家时，应注意什么礼节？也帮小覃想想应该如何接待客人。

shejiao liyi

第五节　宴会、舞会礼仪

一、宴会礼仪

宴会是国际和国内社会交往中一种通行的较高层次的礼仪形式。一般把政府机关、社会团体举办的有一定规模的酒宴，称为宴会；私人举办的规模较小的称为筵席。

小贴士

宴会的分类

分类方法	宴会种类
按规格分	国宴、正式宴、家宴
按餐型分	中餐宴会、西餐宴会、中西合餐宴会
按用途分	欢迎宴会、答谢宴会、国庆宴会、告别宴会、招待宴会
按时间分	早宴、午宴和晚宴
其他	鸡尾酒会、冷餐会、茶会

1. 宴会的准备。

宴请宾客是一种较高规格的礼遇，所以主办单位或主人一定要认真、周到地做好各项准备工作。

（1）明确宴请的目的、对象、形式。

明确宴请的目的，了解主宾的身份、国籍、习俗、爱好等，以便于确定宴会的规格、主陪和餐式等。

（2）选择时间、地点。

主人确定宴会时间，要与主宾进行商定；地点的选择，根据规格来考虑，安排在适当的饭店进行。

（3）邀请。

一般用请柬正式发出邀请，请柬内容应包括活动的主题、形式、时间、地点、主人姓名等。请柬要美观，书写要清晰，一般应提前两周发出。

（4）安排席位。

宴会一般都要事先安排好桌次和座次，以便参加宴会的人都能各就各位，入席时井然有序。席位的安排也体现出对客人的尊重。

① 桌次的安排。

桌次地位的高低，以距主桌位置的远近而定。以主人的桌为基准，右高、左低，近高、远低。

主桌的辨认

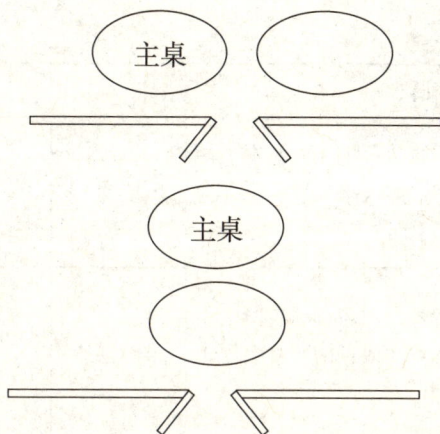

小贴士

　　如果桌子数量大于3时，遵循"以右为尊"、"面门为上"、"以远为止"的原则。

② 座次。

　　座次安排是宴会礼仪中最重要的部分，一般遵循"以右为尊"、"居中为上"的原则。

中餐桌

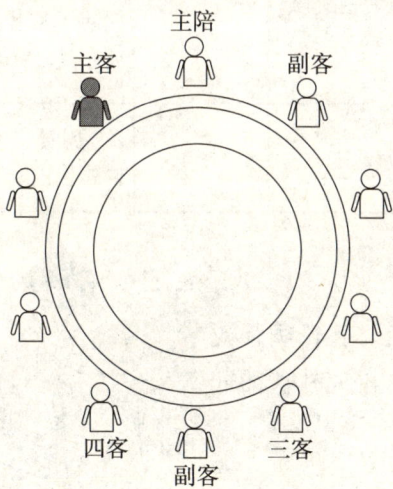

主客　主陪　副客　四客　副客　三客

西餐桌

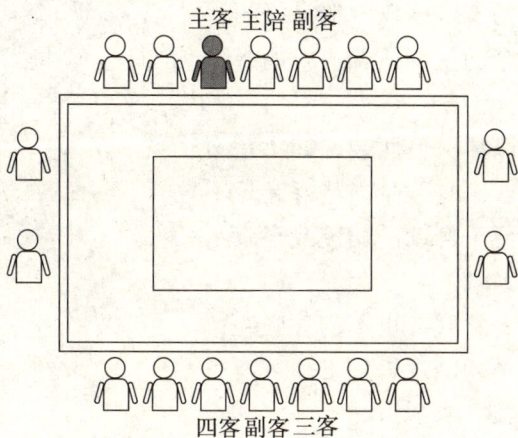

主客 主陪 副客

四客副客三客

2. 宴会中的礼仪。

	主人礼仪		客人礼仪
迎宾	宴会开始前，主人应站在大厅门口迎客人；客人来到后，主人应主动上前握手问好。	应邀	接到邀请后，不论能否赴约，都应尽早作出答复。
引导入席	主人请客人走在自己右侧上手位置，向休息厅或直接向宴会厅走去。	准时抵达	掌握到达时间，不可迟到，也不可早到。抵达后，主人迎来握手，应及时向前响应，并问好，致意。
致词、祝酒	我国习惯是在开宴之前讲话、祝酒、客人致答词； 西方国家致词、祝酒习惯安排在热菜之后，甜食之前。	赠礼	按当地习惯，可送鲜花、花篮或其他适宜礼品。
进餐、交谈	注意主宾用餐时的喜好，掌握用餐的速度。找共同话题交谈使用餐气氛融洽。	进餐、交谈	在服务人员的引导下入座，不要坐错位置。坐姿自然端正，进餐文明、从容。主动与同桌人交谈，而非只与熟人交谈。
送客	热情送别，感谢他的光临。	退席	用餐完毕，应起立向主人道谢告辞。

二、舞会派对礼仪

舞会是通过跳舞交友的场合。无论国际或国内的舞会，都是一个高雅的、讲究礼仪的社交活动。

1. 得体的着装。

参加舞会时，得体的着装可以塑造良好的个人形象。应选择与舞会的氛围协调一致的服装。

一般的舞会男士可以穿深色西装，如果是夏季，可以穿浅色的衬衣，打领带，最好穿长袖衬衣。女士则最好穿便于舞动的裙装或穿旗袍，搭配色彩协调的高跟皮鞋。

隆重的大型舞会应着礼服。男士的礼服一般是黑色的燕尾服，黑色的漆皮鞋。女士一般穿晚礼服。

小贴士

大型舞会着装细节

小手袋是晚礼服的必需配饰，手袋的装饰作用非常重要，缎子或丝绸做的小手袋较佳。

晚礼服一定要搭配首饰，露肤的晚礼服一定要佩戴成套的首饰——项链、耳环、手镯。晚礼服是盛装，因此最好要佩戴贵重的珠宝首饰，在灯光的照耀下，首饰的闪光会为你增添光彩。

近年来女士的晚礼服也有旗袍改良式的，既有中国的民族特色，又端庄典雅，适合中国女性的气质。

男士的头发一定要清洁；要保持口腔卫生，可用口腔清新剂。

2. 邀请礼仪。

（1）男方邀请女方。

小贴士

女士面对两位或者两位以上的邀请者，最能顾全他们面子的做法是全部委婉地谢绝。如果两位男士一前一后走过来邀请，则可以按照"先来后到"的顺序，接受先到者的邀请，同时诚恳地对后面的人说："很抱歉，下一次吧。"并要尽量兑现自己的承诺。

（2）女方主动邀请。

一般情况下，女士是不用主动邀请男士的，但特殊情况下，需要请长者或者贵宾时，则可以不失身份地表达"先生，请您赏光。"或"我能有幸请您吗?"

小贴士

舞会三"不"

同性不宜共舞。

不可总和一个人跳舞。

不要轻易拒绝邀请。

练一练

实训题

1. 按规格分，宴会可分为哪几种?

2. 在舞会中，两位男性可以共舞吗？

3. 学会区分中、西餐不同的座位布置。

4. 利用周末，教师全程指导学生组织一场联谊舞会。

本章综合实训

实训名称：模拟公司举行宴会的全过程

实训要求：(1) 理解社交礼仪的重要性。

(2) 知道安排宴会的各个环节。

(3) 扮演者要真实模拟宴会的安排、接待、各位宾客的预约、相互介绍、互递名片、语言交流等细节。

实训准备：(1) 以某公司的名义准备好宴会的邀请函、菜单、嘉宾名单等。

(2) 为自己准备一套合乎身份的着装。

实训步骤：(1) 学生分组分别扮演嘉宾和某公司职员。

(2) 在教师指导下模拟宴会从筹备到进行的全过程，重点为宴会场地布置、菜单设计、与宾客电话预约、互相介绍宾客、宾客之间互递名片、用餐之间的礼仪等环节。

自我评价

通过学习，参与模拟训练，对自己作一个客观的评价，用"是"或"否"在表格中填写，并找出原因。

内容	是	否	原因	如何改进
你能单独安排一次公司的商务宴会吗？				
接待中你能自如地使用介绍、称呼等礼仪技巧吗？				
你对整个宴会安排满意吗？				

第五章

求职礼仪

　　无论你是谁，如果想在今天变化迅速、竞争激烈的职业岗位竞争中占得先机、取得成功，就必须了解、熟悉和正确掌握并运用礼仪技巧。很难想象，一个衣冠不整、举止随意、言谈不拘小节、旁若无人的求职者会是一个作风严谨、工作主动、有理想、有热情的合格员工。所以，同学们要认真学习礼仪知识，为未来的职业生涯做好准备。这样，无论你走到哪里都会保持竞争的锋芒！

第一节 求职前的准备

想一想

美国人在广州投资兴办的雅芳（Avon）公司招聘销售员，待遇优厚，应者如云。某职校电子商务专业毕业生王力前往面试，他各方面条件都很突出，尤其是社会实践经历——曾为本市几家公司成功策划周年庆典活动。在面试中，当主考官问及他对"雅芳"的了解时，他以为"雅芳"是这家公司的名称而已，却根本不知道"雅芳"是女性化妆品的注册商标。结果落选了。

你知道为什么吗？

我并不介意贵公司同时经营黄色杂志！

古人云："凡事预则立，不预则废。"求职者在求职前必须做好充分准备，这样才能在众多竞争对手中脱颖而出，从而走向理想的工作岗位。

求职者的求职过程，其实就是一个"推销"自己的过程。

一、认识准备

在正式面试之前，必须对市场就业信息、用人单位、面试时的题目范围以及求职方法等相关情况进行充分地了解，否则可能会在常识性的问题上摔跟头。

1. 了解市场就业信息和用人单位的情况。

就业信息是指有关求职就业方面的信息，一般包括某些行业、部门对就业者素质的要求，某一职业的发展情况，地区的差异性，以及单位的具体情况，如规模、前途、人际关系、待遇等。

了解用人单位的情况应包括：

单位所属行业的基本知识、单位近期的主要产品和经营项目、单位的历史及发展前景、单位的性质、位置、福利待遇等。

2.求职者应对考官可能会提出的问题事先有所准备，做到心中有底。

小贴士

面试中常遇到的问题

1. 请介绍一下你和你的家庭。

2. 你有什么特长和爱好？

3. 你如何评价你学生时代的生活？

4. 你参加过何种社会工作？组织过何种社会实践活动？

5. 为什么你决定应聘我们公司的这个职位？

6. 关于我们公司，你都知道些什么情况？

7. 你的长期和短期目标是什么？你准备怎么样去实现它们？

8. 如果工作安排与你的专业不对口，你如何考虑？

9. 你认为怎样才能在我们这样的公司取得职业上的成功？

10. 最令你感到满足的成就是什么？请举出两三个例子并说明。

二、材料准备

必要的材料准备是求职的基本前提。一份吸引人眼球的求职简历，很可能就是获取面试机会的敲门砖。求职简历一般包括本人基本情况、个人履历、能力和特长、获奖情况、求职意向、联系方式等要素。

身份证、毕业证、健康证、技术等级证书、获奖证书等。

就业推荐表、照片及单位招聘岗位要求的资料等。

qiuzhi liyi

求职简历范例：

求职简历

姓　名	李小洁	性别	女	籍贯	广西南宁	
出生年月	1991.2	政治面貌	团员	婚姻状况	未婚	相片
毕业学校	××职业学校	专业名称	中式烹饪			
学历	中专	学制	三年	毕业时间	2009年7月	
身体状况	健康	身高	165cm	体重	48kg	
学习经历	2004年9月～2007年7月　在××中学就读，任团委书记 2007年7月～2009年7月　在南宁市第一职业技术学校就读，任班长					
实习经历	2008年暑假到南宁明园饭店实习面点操作 2008年10月～2009年7月在南宁市沃顿国际大酒店实习 参加2008～2009年中国东盟博览服务活动					

获奖情况	获 2008 年南宁市"三好学生"、学校"三好学生"、"南宁市优秀团员"称号；获 2008 年全国职业院校技能大赛（中职组）烹饪技能中餐热菜比赛三等奖；获 2008 年南宁市中职生技能大赛烹饪项目热菜制作一等奖
个人简述	本人热爱烹饪专业，在校期间学习态度端正，学习目的明确，刻苦学习专业技能，成绩优异。为了锻炼自己的实践能力，还利用假期参加社会实践，并获得实习单位的好评。本人性格开朗，为人随和，思想积极向上，乐于助人，团结同学，能吃苦耐劳，有较强的实践能力和创新精神。本人兴趣广泛，适应能力强，愿意接受艰苦工作的考验，希望将来能成为一名优秀的大厨
爱好与特长	烹饪、体育、音乐，尤其擅长热菜烹饪及面点制作
求职意向	从事饭店烹饪及相关工作
联系方式	联系地址：××市××路××号
	邮政编码：530001
	电话号码：1234567
	电子邮箱：lixiaojie@163.com
备注	本人乐观向上，渴望走上工作岗位。如有幸被贵公司录用，我将努力工作，不怕挫折，尽我所能做到最好。

三、心理准备

小军，求职中最怕的是自卑，总以为要失败，是不可能成功的。你应该相信自己，扬长避短，充满信心、勇气和力量，一定会成功的！

阿吉，我找了好几个单位，总觉得自己条件不够，不敢去应聘，怎么办？

　　良好的心理素质对于求职者非常重要。求职者应做好充分的心理准备，这样才能发挥自己的长处，显示自己的优势，从而在竞争中取胜。

　　1. 要避免心理负担过大。不要因为求职心切，希望能一次成功而患得患失、坐立不安。应卸下心理包袱，沉着应对。

　　2. 不要害怕失败。一些曾经面试失败的人，在面试中会想起以前失败的场景和体验，结果影响了面试时的正常发挥。

　　3. 要克服自卑或自负心理。正确评价自己，避免评价过低，当然过于自信也是不可取的。

　　4. 要克服依赖心理。有些求职者在面试的时候，为了减少焦虑、消除紧张，带上同学或朋友、家人，这是不妥的，一旦没有了依赖的对象，就会因为缺乏自主竞争意识而最终失败。

四、形象准备

面试的过程就是利用最短的时间展示自己尽量多的优点的过程，所以应充分认识"第一印象"的重要性。得体的形象，既是对招聘者应有的礼貌，又有助于展示自己的内涵。

1. 服饰得体，打扮适度。

一个人的衣着打扮，往往反映了他的内在气质和修养，而面试又是一个较正规、较重要的场合，因此，应聘者应对自己的衣着打扮给予充分的关注。

不要有困相，保持头发清洁，没有头屑

发型要梳得漂亮、利落，不宜披长发

胡须、鼻毛要刮好，保持口腔清新，仪表要自然

打扮要大方，化妆要自然，避免使用味道太刺鼻的香水，佩戴首饰不宜过大、过多

衬衣保持清洁，注意衣领不要有污垢，领带不要太鲜艳

服装以裙套装为最佳，能突出女性特色。不穿太艳和太薄的服装，裙子至少过膝

西服宜穿灰色或藏蓝色的，要平整，口袋不宜放太多东西

指甲不宜过长和涂太艳的指甲油

手指和指甲要干净

裙装宜穿裤袜，以薄的肉色或灰色最佳

穿擦亮的黑色或深色的皮鞋，穿干净的素色袜子

宜穿低中跟或中跟敞口鞋

2. 化妆淡雅，仪表大方。

男士应清洁面部和手部，并适当使用护肤品，胡子刮干净，头发梳理整齐，指甲修剪干净；女士则是在此基础上使用相应的化妆品，更好地展现女性面部的美感。如果要涂抹香水，应使用香型清新、淡雅的香水，佩戴饰物应注意与服装搭配，且不宜佩戴过多。

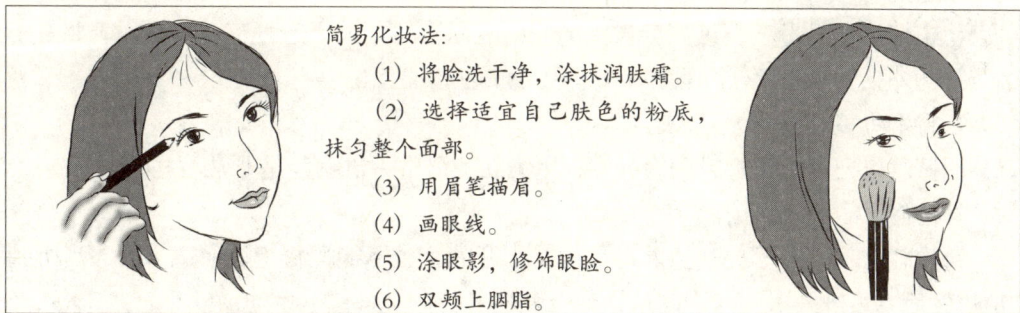

简易化妆法：

(1) 将脸洗干净，涂抹润肤霜。

(2) 选择适宜自己肤色的粉底，抹匀整个面部。

(3) 用眉笔描眉。

(4) 画眼线。

(5) 涂眼影，修饰眼睑。

(6) 双颊上胭脂。

小贴士

　　无论选择什么样的服装，都应努力使其体现出你的内在气质和修养，并尽可能地符合用人单位的要求。当以上条件都——准备好之后，就可以充满信心地去参加面试了。

练一练

实训题

1.结合本专业特点，为自己制作一份求职简历，要尽可能地突出自己的特长、优势。

2.请为你的同学或朋友做一次面试的形象设计。

第二节　面试中的礼仪

小故事

　　某公司要招聘 1 名办公室勤杂人员，约有 50 人前来应聘，其中不乏国内各大专院校的毕业生。公司招聘人员最后挑选了一位名叫李强的中职毕业生。事后，李强问这位招聘人员："为何在众多应聘者中，最后留下了我？我既没有一封介绍信，也没有任何人推荐。"

　　招聘人员说："不，你带来了许多介绍信。你在门口蹭掉了鞋底上的土，进门后随手关上了门，说明你做事小心仔细。进了办公室，你脱掉帽子，回答问题时干脆利落，证明你既懂礼貌又有教养。当所有人都从我放在地板上的书本上迈过去，而你却俯身捡起它，并把它放好。另外，你衣着整洁，头发梳得整整齐齐，指甲修得干干净净。难道你不认为这些都是你最好的介绍信吗？"

　　求职面试是指用人单位派人与求职者进行有目的的面谈，通过对求职者的外表、言谈、举止、个人的表现来判断其是否是适合的人选的过程。因此，在有限的时间里恰当地表现自己，给主考官留下一个美好的印象，是每位求职者要努力做到的。

一、面试礼仪的基本规范

　　1.守时践约。

　　求职者面试时必须严格准时，应在预定时间的前 10 分钟抵达面试地点。这样，可以稳定情绪，思考一下可能会被问的问题及回答的方式，还可整理仪表、着装等小细节。此外，要耐心等候，且在等候时要随时注意自己的言行。

　　2.将手机关机或调为静音。

　　面试时应把手机关机或调为静音，因为在谈话中手机响起是非常不礼貌的。

　　3.进面试间应先敲门。

　　每次轻敲三下，不要过急。即使门是半开的，也不能擅自走进面试房间，当听到"请进"后方可进入房间。进门后，转身轻轻将门合上。

4. 注意目光交流。

在面试中，应礼貌地正视对方，注视的部位最好是考官的鼻眼三角区。目光应平和而有神，专注而不呆板。如果有几个考官同时在场，回答问题时要适当用目光扫视一下其他人，以示尊重。思考问题时，可将视线投在对方背后的墙上，时间不宜过长，两三秒即可。开始回答问题时，应把视线收回来。

5. 微笑示人。

真诚的微笑能给人留下美好的印象。面试时应面带微笑，亲切自然的微笑会增进与面试官的沟通，改善你与主考官的关系。

6. 注意自己的言行举止。

（1）除非接见者允许，否则不要随意将自己的外衣、皮包等物品放在其他地方。

（2）在面试的过程中，注意与主考官保持一定的距离。不适当的距离会使主考官感到不舒服。进入面试室后，不要随意挪动椅子。

（3）一般以 15° 鞠躬或点头致意的方式主动向考官问候。

（4）注意站姿。不要将手背在身后或放在口袋中，在没有听到"请坐"之前，不可坐下；坐下时应道声"谢谢"。

（5）坐姿要端庄。入座时要稳且轻，只坐椅子的 2/3，上身挺直，不要过于放松、全贴到椅背上；也不要过于拘谨、只坐在椅边上。应自然地将腰伸直，并拢双膝，把手自然地放在上面。

（6）如果考官向自己伸手相握，应大方地与之握手；需递送个人简历、证件、介绍信等资料时，应双手奉上，表现得大方谦逊。

7. 充满自信，展现活力。

求职者应自始至终让人觉得是充满活力的，而不能萎靡不振。如果遇到实在不会回答的问题，应坦诚告知对方，这样反而会给主考官留下诚实、坦率的好印象。切忌不懂装懂，也无需因这个问题答不上来而影响后面的回答。

一位老师带领学生前往一个大集团公司参观，老总是该老师的大学同学。老总亲自接待，而且非常客气。工作人员为每位同学倒水，席间有位女生表示自己只喝红茶。学生们在有空调的大会议室坐着，大多坦然接受服务，没有半分客气。当老总办完事情回来后，不断向学生表示歉意，竟然没有人应声。当工作人员送来笔记本，老总亲自双手递送时，学生们大都伸着手随意接过。只有一个同学起身双手接过，并客气地说了声："谢谢，辛苦您了！"

最后，只有这位同学收到了这家公司的录用通知。有些同学很疑惑甚至不服："他的成绩并没有我好，凭什么让他去而不让我去？"老师叹气说："我给你们创造了机会，是你们自己失去了。"

你能告诉疑惑和不服气的同学为什么他们会失败吗？

二、面试应答的礼仪

求职面试的核心内容就是应答。求职者在应答过程中要自信，务必使自己的谈吐表现得文明礼貌。

1. 礼貌。

面试时，无论是自我介绍，还是回答问题，均要使用谦词、敬语。回答考官提问时，应称其职务，或用"您"和其他尊称。

2. 标准。

在回答考官提问时，回答要完整、准确，不要东拉西扯。不可用主考官听不懂的方言或行话。

3. 连贯。

在面试时，表达要连贯，应答应一气呵成，避免拖泥带水，吞吞吐吐。

4. 简洁。

在应答时要简明扼要，能不说的话就不要说，能少说的话就不多说。若限时回答，则要严格遵守。

应答礼仪八大忌

忌过分热情	忌态度暴躁
忌不懂装懂	忌滔滔不绝
忌贬低他人	忌狂妄自大
忌妄加评论	忌任意插话

小贴士

　　1.面试前的那餐饭不吃洋葱和大蒜等味道刺激的食物，以免口腔怪味刺人，饭后漱漱口，最好刷刷牙。

　　2.应聘时不要嚼口香糖。

　　3.面试前洗个澡，使你更加精神抖擞。

　　4.应聘时不带陪伴，带陪伴的人说明缺乏自信。

　　5.随身除了带必需的资料和手提包外，不要带其他物品。

　　6.谈话时不可使用夸张的动作言语，不要乱开玩笑。

　　7.不要攀龙附凤，如说"你单位的领导是我的什么人"。一来对证明自己的才干不利，二来即使被对方单位录用，也不易和其他人搞好关系。

　　8.不要和主考官争辩。

练一练

选择题

1.请选择正确的面试应答。（　　）

　　A.现在已有多家公司表示要我，所以请你们务必于这个月底之前答复我。

　　B.我很想知道我如果到你们公司，每个月能挣多少钱？

　　C.我希望您能根据我的背景、工作经验和工作的积极性，来决定应付给我的薪水。

2.下列对面试着装的描述正确的是（　　）。

　　A.男士可以选择深色西装配白色衬衫，系色彩协调的领带，穿皮鞋

　　B.女士可选择一些新奇的服饰，以吸引考官的目光，凸显自身的特点

　　C.女士不宜选择低领、紧身、过于透明的衣服

　　D.如企业到校面试，职业学校的学生可以穿整洁的校服参加面试

3.女士在面试时，选择的皮鞋适宜的高度为（　　）厘米。

　　A. 0~2.5　　　　　B. 2.5~5　　　　　C. 3.5~5.5　　　　　D. 5.5~7.5

4.在面试过程中应注意自己的言行举止，应（　　）。

　　A.为了表现亲密，把椅子往前挪，靠近主考官

　　B.注意站姿，不将手背在身后或放在口袋中

　　C.坐姿端庄、自然，女士坐姿文雅

　　D.进门后，主动向主考官问候

实训题

1.设计"1分钟自我介绍"演讲词，要求100字以内。内容包括称谓、致意谦辞、名字的联想记忆法、健康向上的业余爱好、与专业密切关联的个人特长、职业愿景、祝福语等。

2.教师组织学生模拟求职应聘第一关情境。主要流程：敲门（三敲两揿）→请进礼仪→鞠躬致意→讲台仪态→自我介绍演说技巧→表情语→手势语→告退辞。

第三节　面试后的礼仪

案例一：某毕业生到一家公司面试，主考官说话直率，没谈几句就让他到别的公司看看。这个年轻人十分礼貌地告辞说："感谢您给了我这次面试的机会，只可惜我自己的能力不够，非常抱歉，我想我会记住您的忠告继续努力的。"他礼貌大方地走后，主考官忽然感觉这小伙子不错，正是公司所需要的可塑性的人才，于是决定在既定名额之外追加录取。

案例二：某公司进行文员招聘的面试场内，一个女孩正在流利地回答主考官的问题，主考官不时满意地微微点头，看样子这女孩胜券在握了。面试结束，女孩起身离座与考官道别离场，考官的目光不经意地落在女孩的座位旁，即刻皱起了眉头。原来，歪斜的座位旁，留下了她喝剩水的纸杯、用过的化妆纸……思索片刻，考官把女孩的应聘资料搁到落选的一边。

这两个案例分别给了我们什么启示呢？

许多求职者只重视应聘面试时的礼仪。其实，面试结束后的礼仪也很重要，因为它能使主考官在作决定时加深对求职者的印象，增加求职者获胜的机会。

一、面试结束后离开前的礼仪

1. 向主考官礼貌致谢。

向主考官行鞠躬礼或以握手的方式道别，感谢他们的接见和面试，离开前微笑致意。

办公室

2. 注意细节，礼貌退场。

离座时把自己刚才坐的椅子轻扶至原来位置，离开时把办公室门轻轻合上。

3. 向工作人员表示感谢。

走出面试场，向前台工作人员微笑点头致意并表示感谢。

CAIHONG

有限责任公司

你好！
谢谢！

小贴士

　　面试结束离开时要采取先退后一步再转身的走法，然后离开。走出考场之前，再次站在门前行礼。不要忽略这个细节，因为这会让对方感到舒服，而对你良好的印象分。

qiuzhi liyi

二、面试离开后的礼仪

1. 向招聘单位致谢。

面试后两三天内，以书面、e-mail 或短信的形式向招聘单位发感谢信，这样可以加深招聘人员对你的印象，增加求职成功的可能性。

书面、e-mail 致谢范文

尊敬的××公司领导：

您好！我是×××，是×月×日×位面试者，是来自××学校的毕业生。

感谢贵公司给予我一个面试的机会，这次面试使我增长了见识，开阔了视野，尤其是您对我能力的肯定和真诚的忠告，更坚定了我努力工作的信心。本人非常喜欢这份工作，无论这次我能否被贵公司录用，我都将以积极的心态认真学习、不断进取。诚恳等待贵公司的最终录用决定，我真诚希望能有机会为贵公司的发展效力。

此致

敬礼！

×××

××××年×月×日

短信致谢范文

××领导，您好！我是面试者×××，感谢您昨天为我面试花费的时间和精力，这次面试经历使我受益匪浅。我对贵公司的前景充满信心，希望有机会成为公司一员，为公司发展共同努力！

谢谢！

×××

××××年×月×日

小贴士

感谢信最好不要超过 1 页，尽量精练。建议优先考虑 e-mail 和短信形式。

2. 耐心等候。

一般情况下，面试结束后 3~5 天才能获得是否被录用的信息。求职者在这段时间内一定要耐心等候信息，不要过早打听面试结果。在尚未成功之前，不要放弃其他机会，调整心情，全心投入其他的面试准备。

3. 查询结果。

一般情况下，如果招聘单位许诺的通知时间到了，你还没有收到答复，就应该打电话给招聘单位，询问是否已经有了结果。

您好！我是×号面试者×××，请问面试结果出来了吗？……好的，谢谢您，再见！

4. 总结经验做好再冲刺的准备。

应聘中不可能个个都是成功者。如果你在竞争中失败了，也不要气馁。一次失败不代表不再有机会。就业机会不止这一个，关键是找出失败的原因，从中总结经验教训，并针对这些不足重新做准备，"吃一堑，长一智"，争取下一次的成功。

失败了就总结经验，再努力哟！

小贴士

面试被拒后打电话给招聘单位，表达你的遗憾，并询问自己被拒的原因："不知道我究竟是哪方面没有达到公司的要求，您能给我提提意见吗?"以便能帮助你总结经验教训，做好下一次竞聘的准备。

练一练

实训题

假设你昨天参加了市宏远科技有限公司的应聘面试，请你试试给该公司人力资源部经理写一封感谢信或发一条致谢短信。

第四节　实习礼仪

想一想

小王初到某公司实习，还没有具体的工作任务，她觉得很无聊。好在公司办公环境还不错，每人桌上都有一台电脑。小王心想："反正闲着也是闲着，我上 QQ 看看同学们都在干什么吧，有工作我也不会耽误的。"一天、两天……同事们对她还是客客气气的，小王以为没事。突然有一天，老板把她叫到办公室，和她说："……"猜猜老板和她说了什么?

实习，是中职生认识社会、接触社会的第一步。从轻松熟悉的校园生活突然转入紧张陌生的企事业单位工作，会感到茫然和惶恐。那么，作为一名中职实习生在实习工作中应该遵循哪些礼仪规范，才能使自己在激烈的社会竞争中游刃有余、应付自如，走好人生道路上重要的一步呢?

小贴士

实习目的

◎进行实质的职业体验，并获得相关的实践经验。

◎提高专业技能，并对职业领域有正确认知。

◎学习为人之道，增强社会责任感。

◎培养严谨务实的工作态度，为今后走上工作岗位打下良好基础。

1. 遵守学校的实习管理制度，遵守实习单位的规章制度，服从学校和企业的双重管理，时刻维护学校、单位的形象。

> 晕倒！又不能睡懒觉了……

> 是！！

> 7点钟上班，你必须6：50到哦！

2. 仪表仪容要得体大方。尽量穿职业装或较正式的服装上班，发型发饰要符合行业规范。

> 留这么长的头发，没工作的喔！

> 啊！哦……

3. 礼貌待人，面带微笑，主动招呼，勤用礼貌用语，不说粗话。

4. 以积极快乐的心态上岗。主动工作，主动做力所能及的事情，并主动协助同事完成工作。

> 许科长早！这些都是我应该做的！

> 哟！小郭来那么早，还打扫卫生，真勤快！不错啊！

★学会和领导相处：

尊重

服从

理解

★学会和同事相处：

宽容

守约

互助

想一想

　　小伟刚到酒店实习 1 个月，酒店正好处于生意火爆的时候，工作非常繁重。小伟尽量做好工作，但让他窝火的是，餐厅另一位实习生只比他早来 3 个月，却处处指挥他做事，还安排比较烦琐的工作给他，有时一件事没做完又安排另外一件事，而其他服务员却很轻松。终于，小伟忍不住和他大吵了一架。

　　才实习 1 个月就遇到这样的麻烦事，小伟该怎么办？如果你遇到这种情况又会如何处理呢？

5. 工作要主动、认真、细致、周到。虚心学习，用心做事，不懂的地方一定要主动请教，乐于接受批评和指导。

6. 尊重领导和同事，和谐相处有尺有度。善于沟通，做事、说话注意分寸，不说长道短、搬弄是非。

7. 对工作不要拈轻怕重、挑三拣四，要以吃苦耐劳的工作态度赢得领导和同事的信任和支持。

想一想

张莉和肖飞同时被分到某公司实习。张莉在校成绩优异，实习期间，公司分配下来的与自己专业无关的小事情她不愿去做。肖飞虽然在校成绩不如莉莉，但到公司后，笑容总挂在脸上，从打字复印到帮客人端茶送水，再平凡的小事也做得妥妥当当。最后，公司决定将肖飞留下。

你知道为什么吗?

8. 不要太计较眼前的利益，因为实习的主要目的是学习。

没加班费，哥不干。

哼! 不好好干活学东西满脑子就想着钱，明天让你 out!

¥ ¥ ¥……

9.乐观向上，爱好广泛，积极参加实习单位的集体活动。

10.实习结束后给实习单位写感谢信，诚挚感谢你的实习指导老师以及帮助过你的人。

小贴士

长幼有序，先来后到，这是规矩。各行有各行的规矩，新来人员尤其是实习生，应该学会主动做事，学会"夹着尾巴做人"。凡事从最基本的开始做起，不要有怨言，常言道"吃亏是福"。不管同事的能力如何，至少人家的经验比你丰富，所以你应该尊重他们并虚心请教，与他们和谐相处。

具有良好的礼仪规范，不是一朝一夕就可以做到的，必须要在长期的学习和实践中不断积累形成。

练一练

实训题

1.制冷专业实习生小赵到某冷气公司实习。一天，他跟随师傅到客户家里协助安装空调，作业中突然肚子痛，他没跟主人说一声就冲到主人卧室的卫生间解决；主人拿出饮料礼貌地招待他们，他也毫不客气地一饮而尽。

小赵这么做对吗？如果你是小赵，你会怎么做？

2.你和上司一起参加一个接待晚宴，席间上司让你代劳喝酒，但是你酒精过敏，这时你该怎么办？

本章综合实训

实训名称：模拟求职面试全过程

实训要求：(1) 理解应聘对个人的重要性。

(2) 了解求职面试程序及礼仪要求。

(3) 扮演者从真实角色的角度出发，情境要逼真，既要符合应聘礼仪，又要注意语言得体，还应注意应聘过程中的细节。

实训准备：(1) 了解本专业相关单位的招聘信息。

(2) 备齐应聘所需的各类证件及资料。

(3) 为自己搭配一套参加应聘的服装。

实训步骤：(1) 按招聘要求布置面试场景。

(2) 学生分组，每组指派两名同学扮演招聘人员，其他人员扮演应聘者。

(3) 在教师指导下，模拟面试全过程。

自我评价

通过学习，参与模拟训练，对自己作一个客观的评价，用"是"或"否"在表格中填写，并找出原因。

内容	是	否	原因	如何改进
你害怕一个人去面试吗？				
你对自己面试时的着装能做到心里有数吗？				
面试中所需要的基本证件都备齐了吗？				
你对自己写的求职简历满意吗？				
应聘前你会做市场调查吗？				
如果面试失败，你会向招聘单位了解原因吗？				
求职和实习中的礼仪规范你都能运用自如吗？				
你对自己的实习情况满意吗？				

第六章

职场礼仪

人在职场，尊重上级是一种天职，尊重同事是一种本分，尊重下级是一种美德，尊重客户是一种常识，尊重所有的人是一种教养。

职场礼仪是在人际交往中，以一定的、约定俗成的程序、方式来表现的律己、敬人的过程，涉及穿着、交往、沟通和情商等内容。礼仪是现代职场中的"国际通用语言"，不同职业的职场礼仪各有千秋。

秘书是领导者的工作助手，他们以辅助决策，综合协调，沟通信息，办文、办会、办事等为主要职能。

接待事务

会议事务

行政事务

信访事务

文书档案事务

写作事务

协调工作

督察工作

领导临时交办的其他任务

一、对内交往礼仪

1. 尊重领导。

作为一名秘书，其工作性质决定秘书必须处处维护领导的威严，不管与领导的私交如何，一定要给予领导必要的尊重。

想一想

小李是鸿运公司的经理秘书，但是也是经理夫人的哥哥，所以常仗着自己"大舅爷"的身份在公开场合对经理直呼"妹夫老弟"。经理心里对此非常不满，但是碍于亲属关系敢怒不敢言。有一次，经理带小李出席重要的签约仪式，签字前小李才发现自己忘记把合约带到会场，经理一气之下，责备了他两句，他就当众拂袖而去。最后，签字仪式不欢而散，而小李也接到了公司的解雇通知。

为什么小李没能保住自己的饭碗？

（1）领导与人交谈时，秘书不能擅自打断谈话和轻易插嘴。

（2）与领导意见不一致时，秘书要委婉地提出自己的意见和建议，并无条件尊重领导的最终抉择。

（3）在所有工作场合，秘书凡事以优先照顾领导为原则，要将好的座位让给领导，用餐、外出住宿以领导的喜好为先。

（4）秘书可以给领导提供参考意见和建议，为领导出谋划策，但是不要擅自代领导作出决策，要做到不越权、不越职。

小故事

擅自做主签字的后果

小黄是陆经理的秘书，入职以来经常给陆经理提供极具建设性的提议，深得赞赏。公司决定把她提拔为副经理，消息传来小黄暗暗高兴，并决定更卖力地为公司服务。但是没想到一周后小黄等来的却是解聘通知。原因是陆经理在出差期间，手机被偷，无法联系，小黄为了不耽误业务，擅自做主签字同意了一份新营销计划，没想到计划中的资金管理漏洞非常大，部门主管携款私逃了，公司损失惨重。为了对所有员工有所交代，陆经理只好忍痛割爱，把她解聘了。

2. 团结同事。

秘书对同事必须以礼待人、热心助人。凡事笑脸相迎是办公室的基本礼仪。不管是否认识，只要迎面走来都应主动打招呼，即使一个点头微笑，同事也会接收到你的善意。

想一想

小庞和小梁都是李总身边得力的秘书，但是小庞在公司内的人缘比较好，所以每次投票选举优秀员工，小庞总是高票当选，而小梁则名落孙山。小梁常常想不通，自己付出了相同的努力，业绩也同样突出，为什么大家就是不把票投给他呢？你知道原因吗？

二、对外交往礼仪

秘书接待来访和上门拜访时，礼仪是否恰当，将直接影响公司的形象。

1. 接待来访礼仪。

客人到来，起身相迎；

引领入座，奉茶招待；

了解来意，安排会面；

主动交谈，营造气氛；

礼貌周到，热情送客。

在接待工作中还需注意：

（1）不管来访者是出于何种目的前来拜访，一定要热情，笑脸相迎。

（2）如果领导不愿意接见来访者，应该为领导找一个合情合理的理由说服客人自觉告辞。

（3）同时接待几位来访者时，不能因熟悉的程度不同或利益关系的不同而表现出厚此薄彼的现象。

（4）不能在接待闲聊中将公司或领导的决策、行踪等信息随口说出，以防泄密。

2. 上门拜访礼仪。

在工作中，秘书经常要跟随领导或代表领导去拜访别人，那么上门拜访应注意些什么礼节呢？

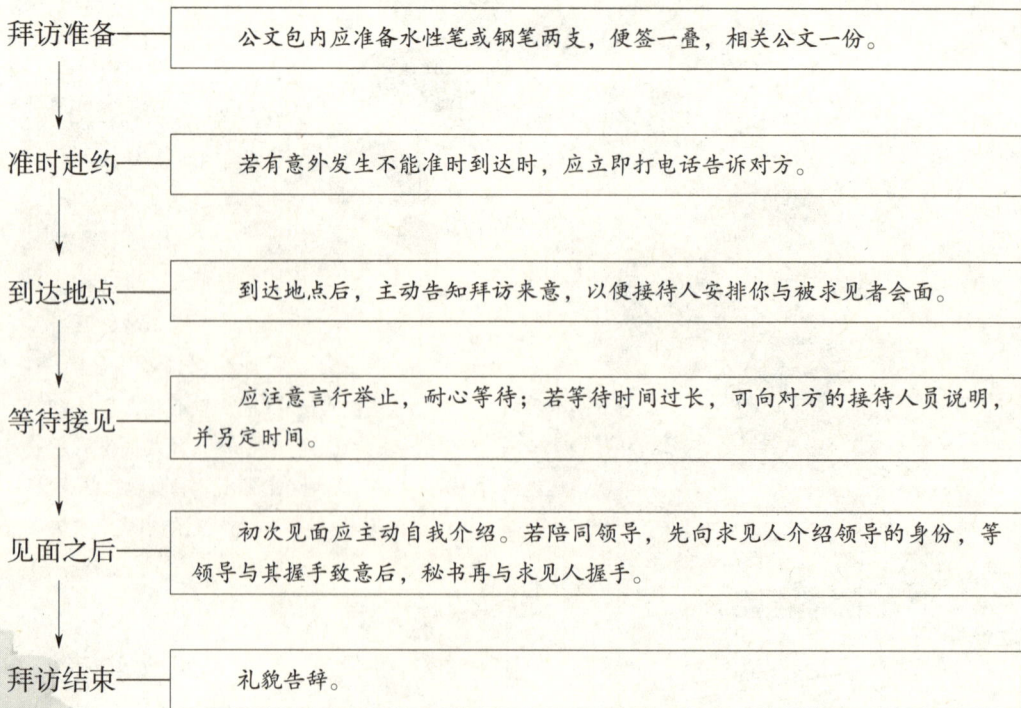

拜访准备——公文包内应准备水性笔或钢笔两支，便签一叠，相关公文一份。

↓

准时赴约——若有意外发生不能准时到达时，应立即打电话告诉对方。

↓

到达地点——到达地点后，主动告知拜访来意，以便接待人安排你与被求见者会面。

↓

等待接见——应注意言行举止，耐心等待；若等待时间过长，可向对方的接待人员说明，并另定时间。

↓

见面之后——初次见面应主动自我介绍。若陪同领导，先向求见人介绍领导的身份，等领导与其握手致意后，秘书再与求见人握手。

↓

拜访结束——礼貌告辞。

小贴士

当被求见者有结束会见的意欲时应起身告辞，切忌死赖着不走。

3. 会议与会务接待。

安排会议会务是秘书工作的重要组成部分，秘书应做好会议与会务的接待工作。

（1）会前，注意座次的安排。

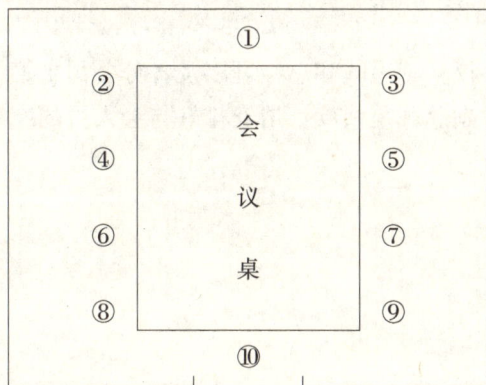

小型会议室排位	主席团排位之一

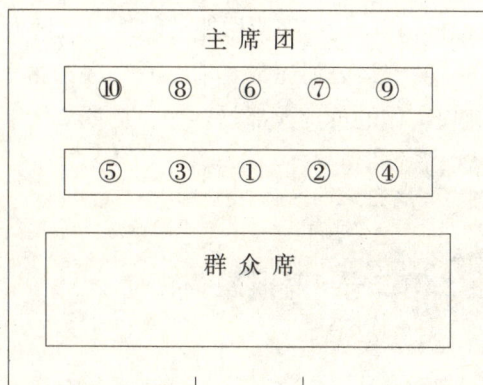

（2）会中，认真做好与会人员的发言记录，秘书一般不发表意见。

（3）会后，整理出会议提要，及时做好印发工作。如果会后设有宴会，应注意与会人员的民族，调查好其是否有特殊饮食习惯，再行安排；如果会后要发放纪念品，尽量挑选极具纪念意义或实用价值的东西。

小故事

秘书与手表

　　华盛顿有一个年轻的秘书。一天早晨，秘书迟到了，看到华盛顿正在等她，秘书就企图借口手表出了毛病为自己辩解。但华盛顿却轻声地对她说："恐怕你得换一块手表，要不然我就得换一个秘书了。"

练一练

实训题

1. 案例：王颖是公司总经理办公室新来的实习秘书。一天，办公室主任安排她陪同总经理去机场迎接一位重要客户。看到机场出口处有个比较像自己要迎接的来宾的人走来，王颖就主动上前询问："请问您是台海公司的王经理吗？"确认对方的身份以后，王颖认为王经理职位比较高，应该由对方先伸手，才能与之握手。握手之后，王颖先把王经理介绍给自己的总经理。然后以手示意说："请您坐在这个位置上，这儿视野开阔。"请王经理到轿车的副驾驶位上就座。

王颖以为自己做得非常得体，可没想到回来不久，公司的办公室主任就给王颖指出了四处接待礼仪的错误，并提醒说这次接站礼仪的不当很可能已经给对方留下了不好的印象，影响公司和对方的业务往来。

想一想，王颖错在哪里？

2. 李秘书接待了一位访客，经查询没有预约，总经理不同意接见。请帮李秘书设计好说辞，使访客听后能礼貌地自动离开。

3. 宏运公司总裁要求召开一次销售工作会议，副总裁和总经理以及各分公司主管此项工作的负责人都要参加，会期 2 天。其中副总裁是回族。请安排好与会人员的座次、餐饮。

第二节　导游服务礼仪

想一想

小浩刚从学校毕业，好不容易摆脱了学校对仪容、仪表的限制，所以非常兴奋地去烫了一个爆炸头，穿上一身潮服。但是不知道为什么，自从他弄了这个造型以后，旅行社再也不安排他接待团队了。小浩很奇怪，我拥有导游证，为什么旅行社总是不愿意派我接待团队呢？

你知道为什么吗？

导游行业销售的产品就是服务，在整个带团过程中，导游如果不注意礼仪细节，很容易就会让游客产生不满，甚至会遭到他们的投诉。

一、遵守导游人员的职业道德

遵纪守法，敬业爱岗；

优质服务，宾客至上；

真诚公道，信誉第一；

不卑不亢，一视同仁；

团结协作，顾全大局；

好学上进，提高业务。

二、导游人员与游客相处的原则

互相尊重，谦虚随和。

礼貌相待，主动热情。

诚实守信，宽容理解。

遇到困难，坚定勇敢。

小故事

　　一天，湘潭新天地旅行社团队乘坐的旅游车由西安向延安方向行驶，全陪导游文花枝坐在第一排右数第二个座位上。行车途中，迎面驶来一辆 40 吨的运煤大货车，突然与旅游车相撞，惨剧顷刻发生！全车共有 6 人死亡、22 人受伤。

　　当车突如其来迎面撞上时，坐在前排的文花枝受伤最重。当救援人员来到她身边时，她冷静地说："我是导游，请先救我的游客！"她坚持最后一个接受救援。最后因延误救治，伤口被感染，不得不截去左腿！

三、导游人员服务过程中的礼仪

1. 接团前的准备。

（1）熟悉接待计划。了解该旅游团成员的年龄、职业、民族、人数等基本情况。

（2）物质准备。必备款项、导游旗、帽子（包）、喇叭、车号牌以及个人物品等。

（3）形象准备。符合行业要求，不要穿奇装异服。

（4）知识准备。做好游览景点的导游讲解准备，最好能够多了解最近发生的新闻。

（5）心理准备。导游员必须具备良好的心理素质。

2. 接团中需注意的礼仪。

（1）正确佩戴导游证，备齐所需证件和物品。

（2）接团时提前半小时到达接应地点（机场、火车站、汽车站或码头）。

（3）见到游客，核实人数和行李数量，做自我介绍，并致欢迎辞。

（4）游客落座后及时清点人数。清人数时，最好使用默数，用目光清点人数，忌用单手手指对游客头部或脸部指指点点，也不能用手拍打客人的肩背部位，更不得用社旗来回比划。

（5）在行车途中，要尽量周到地照顾每一位顾客，包括协助游客调试空调和座椅等。

（6）在车上作沿途讲解时，导游员站姿要标准，表情自然，面带微笑，与游客保持良好的"视觉交流"，目光应关照全体在场者，以示一视同仁。手持话筒，音量适中，讲解规范。手势力求到位，动作不宜过多，幅度不宜过大。

（7）对游客提出的问题尽量做到解释合理、有问必答，而且在涉及敏感问题时，导游特别要注意，必须本着爱国、维护民族团结的宗旨进行解释。

（8）带团行走时，不应与人勾肩搭背。候车、等人时不宜蹲歇。

3. 欢送游客礼仪。

（1）在游客行程结束时，应致欢送辞，表达依依惜别之情，并请游客对自己的服务提出宝贵意见，请游客对服务不到位的地方多多谅解包涵。

（2）待火车、轮船开动或飞机起飞后（国际航班送至隔离区后），应向游客回首致意，方可离开。

小贴士

导游员带团的礼仪禁忌

1. 不随便单独到游客的房间，更不要单独去异性游客的房间，对于异性游客的单独外出要约，应婉言拒绝。

2. 不与外国旅游团领队同住一室。

3. 带团过程中一般不饮酒，在必须饮酒时，饮酒量不要超过自己酒量的三分之一，在游客面前喝得醉醺醺是决不能出现的情况。

4. 不与游客同桌用餐，而应在专门的司陪用餐处用餐。

练一练

实训题

1. 邀请 1 名当地知名导游走进课堂，与同学们分享带团过程中的种种奇遇和巧智。然后让同学们采用角色扮演的方式模拟整个旅游服务接待的过程，由导游和教师对学生在情景模拟过程中的礼仪表现进行现场点评。

(1) 导游在车站、码头、机场接客。

(2) 介绍景点名胜。

(3) 接受游客提问。

(4) 机场送客服务。

2. 假设今天你接到的是一个夕阳红团队，游客全都是 65 岁以上的老人；或者是到北京的暑假学生团，游客全是小学生。请你根据情况分别做自我介绍。

第三节　酒店服务礼仪

想一想

一天午餐时间，来自台湾的旅游团在某家酒店的餐厅用餐，当服务员发现一位 70 多岁的老人面前是空饭碗时，就轻步走上前，柔声说道："请问老先生，您还要饭吗？"那位先生摇了摇头。那位服务员又问道："那先生您完了吗？"只见那位老先生冷冷一笑，说道："小姐，我今年 70 多岁了，自食其力，这辈子还没落到要饭吃的地步，怎么会要饭呢？我的身体还硬朗着呢，不会一下子完的。"

你知道这位服务员错在哪里吗？

现代社会酒店服务业日益发展，人们对服务水平的要求越来越高，作为酒店服务员，不但要掌握业务技能，还要遵守服务礼仪。若用语不当，或服务姿势不规范等，都会造成顾客的流失。

一、仪容仪表

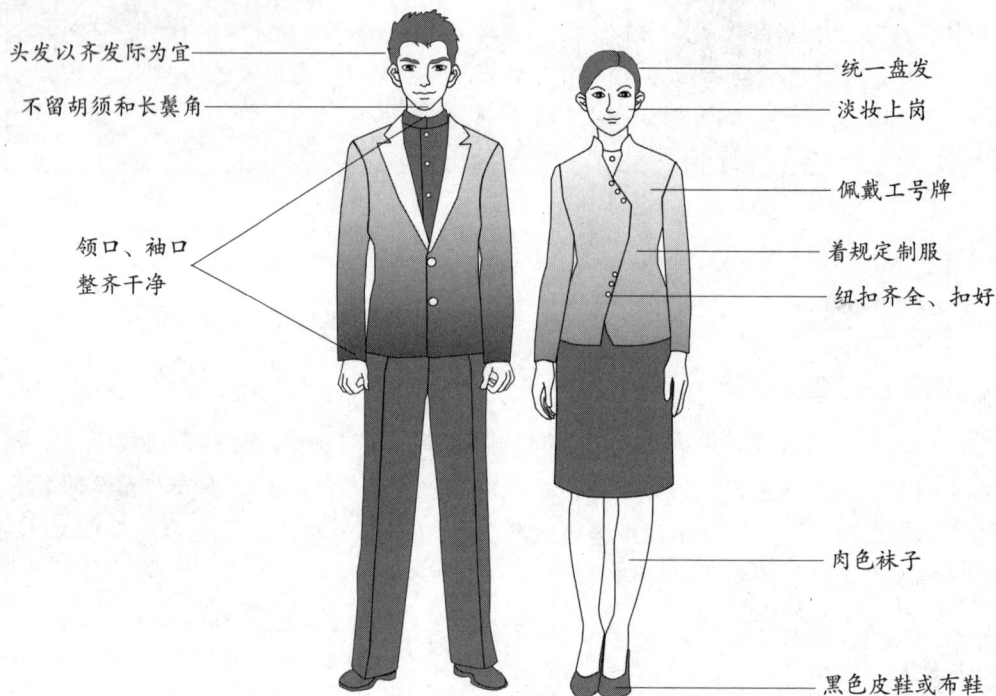

头发以齐发际为宜

不留胡须和长鬓角

领口、袖口整齐干净

统一盘发

淡妆上岗

佩戴工号牌

着规定制服

纽扣齐全、扣好

肉色袜子

黑色皮鞋或布鞋

二、仪态

1. 站姿。

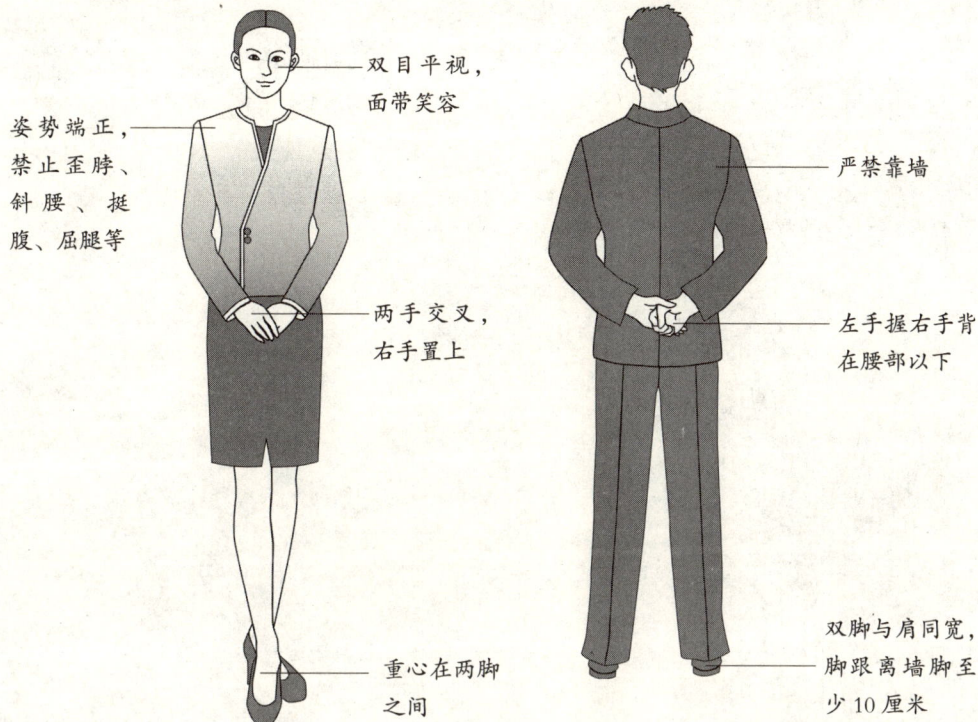

双目平视，
面带笑容

姿势端正，
禁止歪脖、
斜腰、挺
腹、屈腿等

两手交叉，
右手置上

重心在两脚
之间

严禁靠墙

左手握右手背
在腰部以下

双脚与肩同宽，
脚跟离墙脚至
少10厘米

2. 走姿。

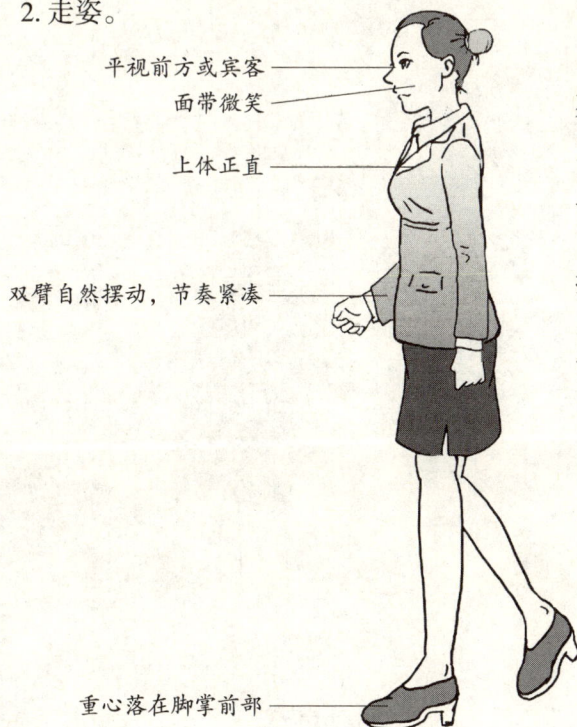

平视前方或宾客

面带微笑

上体正直

双臂自然摆动，节奏紧凑

重心落在脚掌前部

其他注意事项：

行走时尽可能走直线，在通道
上要靠右侧走（不走中间）；

遇见客人须避让，不能与客人
抢道穿行；

遇到急事，可加快步伐，但不
可慌张奔跑。

3. 蹲姿。

对于掉在地上的物品，应采用优美的蹲姿把它捡起来。

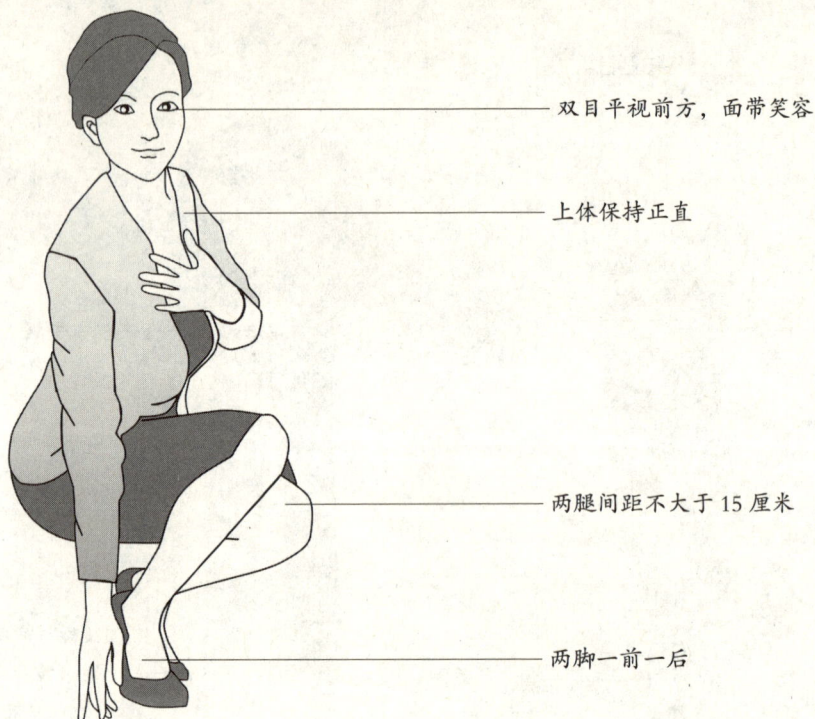

双目平视前方，面带笑容

上体保持正直

两腿间距不大于15厘米

两脚一前一后

4. 鞠躬。

头微微抬起，面带笑容，目送客人

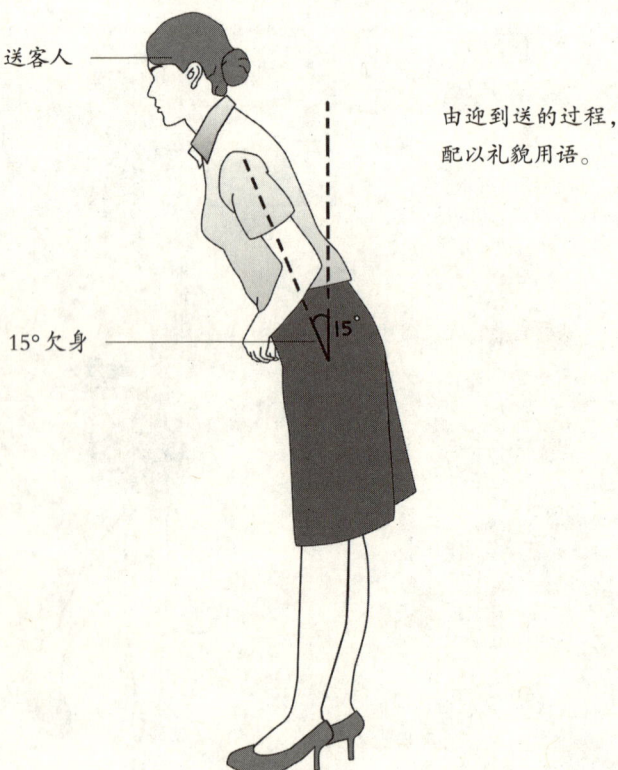

由迎到送的过程，配以礼貌用语。

15°欠身

15°

5. 指引手势。

面带微笑，眼神提示并配以礼貌用语

手臂自然挥出，腋部夹角45°

肘部夹角90°

五指并拢

三、服务语言

1. 对顾客服务使用普通话。

2. 服务语言运用准确，使客人有宾至如归之感。

（1）注意称呼礼的使用，例如男士称"先生"，已婚女子称"女士"，未婚女子称"小姐"。在知道客人姓名时，可以将姓名和尊称搭配使用，这样也会使客人增加亲切之感。

（2）问候礼是酒店员工对客人表示亲切问候及祝愿的语言。常用的问候语有"您好"、"早上好"、"下午好"、"晚上好"、"路上辛苦了"等。

（3）应答礼。应答客人询问时要站立，思想集中，不能目视别处心不在焉。说话语速不宜过快，音量适中，不可有气无力。对于客人的无理要求，须沉得住气，拒绝时要委婉不伤人。

您好，欢迎光临！

目视前方

上身挺直，头正肩平

手臂不撑腰

保持酒水、汤汁不外溢

托盘不贴腹

四、神态规范

1. 与客人接触时，要自然坦诚待客，做到不卑不亢。

2. 在为客人服务时，应精神饱满，注意倾听，神采奕奕，面带微笑。

3. 在与客人说话时，语气要亲切，言辞要得体，态度要落落大方。

五、服务礼仪规范

1. 在客人活动区域内保持站立姿势且挺直，任何时候服务员都不得坐在客椅上。

2. 工作时不要用手触器皿中心，要经常使用托盘。

3. 托盘行走，要求姿态美观，轻松自如。

4. 在餐厅内不能跑步，应用轻快的步伐行走，做到"三轻"——说话轻、行走轻、操作轻。

5. 在与客人说话时，不要让客人有被催赶的感觉。通常晚餐节奏稍快，午餐节奏稍慢，善于观察客人的需要，不与客人争辩，尽量满足客人的要求。

6. 任何时候都不可以将托盘放到客人的台面上，而应拿在手上或放在服务台上。

7. 与客人谈话点菜时必须站立，不要伏在桌上开订单，而是拿纸笔在手上写。不要随便加入客人的谈话，当客人或上级经过时应点头致意。

吃什么？你们最好想快点，我还要去招呼其他客人。

8. 客人点咖啡时，将杯碟拿到台上倒，而不是倒好之后再拿上台，倒咖啡、饮料时不要拿起杯子。

9. 服务员斟酒时，要站在客人的身后右侧，斟酒时瓶口应与杯口相距 1~2 厘米，当酒水倒至将满时，要将酒瓶稍向上提起并同时旋转 45°。

小贴士

服务禁忌

1. 不要当着客人的面挖鼻孔、掏耳朵、脱鞋、更衣，不对熟悉的客人指点、拉扯等。

2. 切忌故意诱导顾客点过多菜，切勿强迫客人进行消费。

3. 遇到任何突发状况，要给顾客台阶下，不能让顾客感到尴尬。

4. 结账时，应低声与付账者结算。不能当众高声向结账者报出收、找的钱数。

5. 不要在宾客面前吃东西或嚼口香糖、咳嗽和打喷嚏。

6. 不要拍打衣服上的污迹或用手拨弄头发、整理衣服，或在公共场合搞个人卫生。

7. 不要小声嘀咕、哼歌、吹口哨或不停地叩脚。

8. 不要玩弄钱币、钥匙等以防发出叮当的声响。

小故事

客人为什么又留下了？

一个下雨的晚上，机场附近某一大酒店的大堂里，接待员正为一批误机团队客人办理入住登记手续，在大厅的休息处还坐着五六位散客等待办理手续。

"小姐，麻烦您了，我们打算住到市中心的酒店去，你能帮我们叫辆出租车吗？"两位客人从大堂休息处站起身来，走到小刘面前说。"先生，都这么晚了，天气又不好，到市中心去已不太方便了。"小刘想挽留住客人。

"从这儿打的士到市中心不会花很长时间吧，我们刚联系过，房间都订好了。"客人看来很坚决。

"既然这样，我们当然可以为您叫车了。"小刘彬彬有礼地回答道，她马上叫来行李员小秦，让他快去叫车，并对客人说："我们酒店位置比较偏，可能两位先生需要在大堂等一下，好吗？"

"那好吧，谢谢。"客人被小刘的热情打动，然后和她一起来到大堂休息处等候。

行李员小秦站在路边拦车，但十几分钟过去了，也没有拦到一辆空车。客人等得有些焦急，不时站起身来观望有没有车。小刘安慰他们说："今天天气不好，出租车不太容易叫到，不过我们会尽力而为的。"然后又对客人说："您再等一下，如果叫到车，我们会及时通知您的。"

又是 15 分钟过去了，车还是没拦到。客人走出大堂门外，看到在雨中站了 30 多分钟的行李员小秦，非常抱歉地说："我们不去了，你们服务这么好，我们就住这儿吧，对不起。"

六、处理客人投诉礼仪

客人对酒店投诉是沟通酒店管理者与客人的桥梁。投诉是一个信号，它告诉酒店其服务和管理中存在的问题，能使酒店的服务和设施得到提高和改进，从而吸引更多的顾客光临。

处理投诉的方法：

1. 耐心聆听，保持冷静，不要与客人争吵。

2. 表示谅解，尽量用委婉的语言和客人沟通。

3. 尽量维护客人的自尊心，让客人意识到你对问题的重视。

4. 安抚客人激动的情绪，将事件要点记录在案。

5. 在自己的权限范围内告诉客人解决办法。

6. 处理投诉的动作要快，尽量把损失降低到最小。

7. 监督事态的发展，保证整件事情顺利进行。

8. 追踪客人和事情的结果，尽量让客人满意。

实训题

1. 看图说话。

　这样的行为对吗？

2. 假如你是一名酒店前台服务员，当客人坚持带一位没带身份证的客人入住时，你会怎么做？

第四节 营销礼仪

想一想

小文是百货店的化妆品推销员，刚走出校门的她待客热情，只要一看见有女性顾客走过，就扯着别人的衣袖，好说歹说，非要人家过来看看。有时自己正吃着午饭，一些顾客前来询问，她连嘴巴都顾不上擦就上前迎接，可谓工作尽心尽力。但是奇怪的是，努力工作的她，营业额总是比别人的低，甚至还收到过顾客的投诉。你知道为什么吗？

营销人员担任着买卖的中间人和产品的代言人的重要角色，营销人员的形象几乎直接影响了客户对产品的感观，一个产品能否畅销几乎全取决于第一线上第一时间与客户交锋的销售人员。所以，作为一名优秀的营销人员，我们必须掌握好必要的销售礼仪。

一、仪表着装

面容洁净，
发型大方，
身穿制服，
干净整洁。

zhichang liyi

小故事

小萧是购物中心的服装导购员，因为闲坐的时间比较多，她常常利用上班时间坐在柜台前给自己涂抹指甲、对镜化妆。她指甲上所绘的颜色总是大胆、艳丽，而她脸上的妆容也同样时尚、前卫。顾客过来询问衣服的价格时，常常在她抬头的瞬间被她的浓妆吓一跳，以致前来购物的客人越来越少。因为销售量太低，又不断受到客人投诉，老板终于忍无可忍把她解雇了。

二、正确的待客用语

营销招呼用语要求说好第一句话，落落大方，笑脸相迎，亲切称谓，使顾客有宾至如归之感。

1. 接待用语。

"您好，欢迎光临！"

"先生（女士、小姐），有什么可以帮您？您想看些什么？"

"您要买点什么？"

"欢迎您随便参观，请您多提宝贵意见。"

"您好，请多多关照。"

想一想

小叶是电器部的导购员，最近他迷上了手机游戏，所以每当有客人来看产品的时候，小叶总是一抬头给别人来一句："喂，随便看，看上了哪样再叫我。"然后继续玩他的游戏。客人见状，总是走马观花地瞧瞧就离开了。一个月下来一台电器都没卖出去。

你知道为什么吗？

2. 介绍用语。

介绍时要求热情、诚恳、实事求是，突出商品特点，抓住顾客心理，当好顾客"参谋"。

"您需要看这个商品吗？我觉得这个商品比较适合您，它主要由……（商品简单介绍）"

"这是最新产品，它的特点、优点是……"

"如果您不喜欢这个，可以看看其他同类产品。"

"对不起，您所需要的产品现在已经缺货，这是最新的同类产品，您要看看吗？"

"请您回去使用时，先看一下说明书，谢谢。"

小故事

　　一天，在一家电器商店，一套音色清纯、浑厚的音响引起了我的注意。一位男售货员热情地迎上来，满脸职业微笑，主动介绍新产品。他的介绍很在行，从性能优势到结构特点，从性价比到售后服务，还进行了演示。起初我被他的介绍所打动，对产品产生了好感。但是他连珠炮似地讲着，我总也插不上嘴，他不管你反应如何，喋喋不休地讲下去，似乎你不掏出钱包他就决不罢休。于是，我心里产生了几分不悦，特别是当他褒扬自己的品牌而贬低其他品牌时，我对他的动机产生了疑问。顿时，这种疑虑把先前产生的好感一扫而光。幸好这时又来了一位客户，于是我乘机"逃"出了商店。

　　3. 包扎商品用语。
　　包扎商品时要提醒顾客应注意的事项，双手把商品递交给顾客，不允许把商品扔给顾客不管，或者摆在柜台一边，扔给顾客一个塑料袋就完事。

> "这东西易碎，请您小心拿好，注意不要碰撞。"
> "请您清点好件数，我给您包装好，请稍候。"
> "这是您的东西，我帮您包装好了，请拿好。"

　　4. 答询用语。
　　答询时要求热情有礼，认真负责，耐心帮助顾客解决疑难问题。

> "对不起，您问的商品刚刚卖完，且近期不会有，请您到其他商店看看。"
> "这种可以吗？如不合适，我再给您拿别的看看。"

　　5. 道歉用语。
　　道歉时态度应诚恳，语言应温和，争取得到顾客的谅解。

> "对不起，让您久等了，实在不好意思。"
> "对不起，刚才太忙，没听见您叫我，您要买什么？"
> "对不起，让您多跑了一趟。"

　　6. 调解用语。
　　调解时要和气待客，站在顾客的角度想问题，合理解决问题，虚心听取顾客的意见，多检查、批评自己并及时改正错误。

zhichang liyi

> "实在对不起，刚才那位同事态度不好，惹您生气了，今后我们要加强教育。"
>
> "先生（小姐、女士），真对不起，我是××（自我介绍身份），您有什么意见请对我说好吗？这位营业员是新来的，有服务不周之处，请原谅！"
>
> "请原谅，给您添麻烦了，耽误您的时间了，谢谢！"

7. 解释用语。

解释时要委婉、细心，用语恰当，以理服人，使顾客心悦诚服。如当顾客要求试用、退换些不宜试用、退换的商品时，应该这样说：

> "对不起，按照国家有关规定，已出售的食品若不属质量问题，是不能退换的。"
>
> "请原谅，这件衣服颜色易脏，不宜试穿，请见谅，您可以比一比大小、颜色、款式。"
>
> "实在对不起，您这件商品已经使用过了，又不属质量问题，实在不好给您退换。"

想一想

小刘是服装营销员，有一次一位顾客想试穿一件白色的大衣，根据规定白色的衣服都不允许试穿，所以小刘赶紧上前制止："小姐，这件衣服不能试穿，会弄脏的，要是您试了又不买，我们就很难再卖出去了。"结果，顾客非常生气，当即向值班经理投诉，要求解雇小刘。小刘觉得很委屈，她只是按规定办事，为什么顾客不能体谅她呢？

8. 送客用语。

送客时要谦逊有礼、和蔼亲切，使顾客感到愉快和满意，不允许不做声，无论成交与否，都应说一声"谢谢"。

> "谢谢，欢迎您下次再来，再见！"
>
> "请拿好，慢走！欢迎有空再来。"
>
> "请您走好！"
>
> "这是您的东西，请拿好，慢走！"

练一练

实训题

1. 4个同学为一组，按照顾客进店购物的步骤来模拟销售时将遇到的各种情况，扮演顾客的同学可自由发挥，扮演营销员的同学按每一个接待环节应用的礼仪用语应答，最后由老师打分。

2. 与同学讨论下列用语哪些不宜使用，并说说为什么。

(1) 对不起，让您久等了。

(2) 您需要看这个商品吗？我觉得这个商品比较适合您，它主要由……

(3) 要不要？不要我放回去啦。

(4) 您好，欢迎光临！您需要什么样的产品？

(5) 小心点，摔碎了要赔的啊！

(6) 您看中的这个东西比较贵，您还是挑别的产品吧。

(7) 拿好，你自己摔碎的我们可不赔。

(8) 请慢走。

第五节 超市收银员服务礼仪

想一想

小蒋中专毕业后应聘到一家大型超市做收银员。工作一段时间后，她发现，顾客在购买东西的时候可以花几个小时的时间不断对比挑选自己想要的产品，但是在排队买单时，却非常不耐烦，等上几分钟就已经耐性全无。因此被投诉最多的常常是他们收银员。

请帮小蒋想一想，有什么方法能使顾客对他们的投诉减少？

收银工作作为超市中对顾客提供服务的最后一个环节，收银员一个小小的疏忽，都可能让顾客对整个超市产生不良的印象。因此收银员亲切友善的服务以及良好顾客关系的建立，成为了服务业成功的基础。

一、仪容仪表

整洁的制服，
清爽的发型，
适度的化妆，
干净的双手。

二、举止态度

1. 收银员在工作时应随时保持笑容，以礼貌和主动的态度来接待和协助顾客。

2. 当顾客有错时，切勿当面指责，应以委婉有礼的口吻告诉顾客。

3. 收银员在任何情况下，皆应保持冷静与清醒，控制自身的情绪，切勿与顾客发生争执。

4. 员工与员工之间切勿大声呼叫或彼此闲聊，需要同仁协助时，应尽量使用叫人铃钟。

小故事

  小黄在一家超市收银员岗位上工作了 3 年，一天有位老奶奶在结账后半小时返回收银台，指责小黄给她找补的钱数不对。她坚称自己掏了 100 元给小黄结账，应该找补 70 元。但是小黄只给她找补了 20 元，还差 50 元没找补。小黄听后先安慰老奶奶："您别着急，要是我补错了钱，我会补足给您的。您先稍等。"然后找来同事顶岗，接着带老奶奶到保安监控处，请保安调取了当时的录像，录像中显示，老奶奶付款时用的是一张 50 元面值的人民币。这时老奶奶忽然间回想起，她进超市前曾在旁边的电信公司交过 50 块的话费。真相大白，老奶奶连声道歉，小黄微笑着说："谁没忘记的时候？没关系的，欢迎您下次再来。"

三、正确的待客用语

一般情况下，超市收银员应该常用以下待客用语：

  "欢迎光临／您好！"（当顾客走近收银台或服务台时）

  "对不起，请您稍等一下。"（欲离开顾客，为顾客做其他服务时，必须先说这句话，同时将离开的理由告知对方，例如"我马上去仓库查一下"）

  "对不起，让您久等了。"（当顾客等候一段时间时）

  "是的／好的／我知道了／我明白了。"（顾客在叙述事情或接到顾客的指令时，不能默不吭声，必须有所表示）

  "谢谢！欢迎再度光临。"（当顾客结束购物时，必须感谢顾客的惠顾）

  "总共××元／收您××元／找您××元。"（为顾客结账时）

小贴士

特定情景礼貌用语

1. 暂时离开收银台时应说："请您稍等一下！"

2. 重新回到收银台时应说："真对不起，让您久等了！"

3. 遇到价格与标示有出入，自己没有办法解决时应说"真抱歉"或"对不起"。

4. 提供意见让顾客决定时应说："若是您喜欢的话，请您……"

5. 希望顾客接受自己的意见时应说："实在是很抱歉，请问您……"

6. 当提出几种意见供顾客参考时应说："您的意思是怎么样呢？"

7. 顾客要求包装礼品时，应微笑着告诉顾客："请您先在收银台结账，再麻烦您到前面的服务总台（同时应打手势，手心朝上），会有专人为您服务。"

8. 收银空闲遇有顾客不知要到何处结账时应说："欢迎光临！请您到这里结账好吗？"（以手指向收银台，并轻轻点头示意）

9. 有多位顾客等待结账，而最后一位表示只买一样东西且有急事待办时，收银员应对第一位顾客说："对不起，能不能先让这位只买一件商品的先生（小姐）先结账？他好像很着急。"当第一位顾客答应时，应对他说声"谢谢"。当第一位顾客不答应时，应对提出要求的顾客说："很抱歉，大家好像都很急。"

练一练

实训题

模拟超市收银全过程：4个同学为一组，一人扮收银员，其余扮顾客，模拟收银员将遇到的各种情况，扮演顾客的同学可自由发挥，扮演收银员的同学按当时情境用礼貌用语应答，最后由教师打分。

第六节　厂场礼仪

小故事

小杰进厂工作已经两个月了，但是他发现，由于自己不大熟悉厂内生产车间的规定，经常违反操作规范，每到月末就被扣不少钱。

机电、汽车装配、模具、数控等理工科类专业学生毕业后大部分会进入工厂和厂房的生产车间工作。很多同学误以为在这些地方工作，并不需要讲究礼仪，其实不尽然，他们讲究的礼仪虽然没有文科类专业学生细致，但是仍需遵守一定的礼仪规则，那就是厂场礼仪。

一、工作规范礼仪

1. 员工上班应着装整洁，不准穿奇装异服，必须正确佩戴厂牌，穿工作服。携带个人物品须严格按照公司的规定。有些公司规定，员工不得携带个人物品进入厂房车间，如手机、MP3、手袋、食品等。

2. 上班时要严格按照规定的运作流程操作，如有交接班，必须交接清楚才能换岗，一切以不影响工作的顺利进行为原则。

3. 员工在作业过程中，必须保持适当的距离，不得挤坐在一起，作业时须按要求带好手套或指套，穿上防护服，换上特制鞋。

4. 必须自觉做好自检与互检工作，如发现问题应及时向品检员与组长反映，不可擅自使用不良材料以及让不合格产品流入下道工序，必须严格按照品质要求作业。

5. 每道工序必须接受车间品管员检查、监督，不可蒙混过关，虚报数量，还应配合品检

员的工作，不得对其进行顶撞、辱骂等。

6. 安装过程中发现的不良产品必须区别放置，并及时报告品检员。

7. 所有员工必须按照操作规程（作业指导书、检验规范等）操作。

8. 在工序操作过程中，不得故意损坏物料、工具设备等。

9. 工作时间离岗时，需经班组长同意并领取离岗证方可离开，并在限定时间内返回。

10. 上班注意节约用水用电，停工随时关水关电。

11. 下班前必须整理好自己岗位的产品、物料和工作台面。

小故事

未穿防护罩的后果

　　小航毕业后应聘到一家中外合资企业的生产线做数控机床操作员，上岗前班组长一再强调，所有的新进员工必须熟读操作间的制度，尤其是作业时必须按要求穿好防护罩。但小航嫌防护罩过于闷热，所以老是趁班组长不注意时脱掉，结果在一次操作过程中不慎被飞出来的铁末溅到眼睛致伤。

二、清洁卫生礼仪

1. 员工要保持工作台的清洁干净，物品按规定位置放置整齐，不得到处乱放；班组长要保持办公台的整齐干净。

2. 每天下班后值日生打扫卫生，周末须进行大扫除（公司内的门、厕所、窗户、生产线、设备、风扇、饮水机等都须清洁）。

3. 卫生工具用完后须清洗干净并放在指定的区域，工具由专组专人保管，不得乱丢、倒置或损坏。

4. 不得随便在车间内的设备上胡乱涂画，定期做好机件的养护工作。

本章综合实训

1. 实训名称：模拟接待外来商业合作伙伴的全过程

实训要求：（1）练习如何成为一名合格的秘书。

（2）做好秘书工作的同时，为外来宾客当好一名临时导游。

（3）了解酒店服务礼仪，选择合适的酒店，合理安排用餐事宜。

实训准备：(1) 了解秘书、导游、酒店服务的相关礼仪。

（2）学生按试训内容分为秘书、酒店服务人员、来访者三组，布置好场景。

实训步骤：(1) 秘书接待来访者，并安排其住宿和用餐。

（2）酒店服务员根据秘书和来访者的要求做好服务工作。

（3）秘书担当临时导游带来访者参观当地特色风光。

（4）酒店服务员协助秘书安排一场会议。

（5）在教师的指导下模拟全过程。

2. 实训名称：模拟超市工作服务过程

实训要求：(1) 了解导购员工作的礼仪要求。

（2）理解收银员工作的素质要点。

实训准备：(1) 模拟超市场景，学生分组进行角色扮演，如收银员、导购员、顾客等。

（2）准备好所需物品和服装。

实训步骤：(1) 导购员把顾客领到洗发水货架前，并为之介绍。

（2）收银员为顾客服务。

（3）由教师对其进行点评。

自我评价

通过学习，参与模拟训练，对自己作一个客观的评价，用"是"或"否"在表格中填写，并找出原因。

内容	是	否	原因	如何改进
凡事笑脸相迎是办公室的基本礼仪。				
在涉及敏感问题时，导游必须本着爱国、维护民族团结的宗旨进行解释。				
服务员要检查自己的仪容仪表，可以在餐厅有客人的地方照镜子。				
酒店从业人员必须树立酒店的职业形象。				
营销人员要使用规范的语言。				
收银员可以根据自己的情绪与顾客发生争执。				
在工厂上班时要严格按照规定的运作流程操作。				

第七章

涉外礼仪

　　中华民族素有"礼仪之邦"的美誉，礼仪在中华文化的历史演变过程中起着积极的推动作用。如今，经济的全球一体化和信息共享的网络化把现代人领到一个无限伸展又不断浓缩的空间，各国间的交往和沟通日益密切，涉外礼仪作为礼仪的一个重要部分更显得不可或缺。

礼

第一节　涉外通则

涉外礼仪是指国家或者个人在对外交往和涉外工作中，在维护国家及个人形象的前提下，所执行的向交往国或个人表示尊重、友好与礼貌的礼仪规范。

一、涉外礼仪的原则

着装应景，打扮得体；

言行从容，礼貌大方；

互相尊重，不卑不亢；

尚礼好客，热情有度；

尊重礼俗，求同存异；

平等相待，谦虚适度；

慎重表态，信守承诺。

> 涉外礼仪的基本要求是以尊重为本，即尊重自我和尊重他人。

二、涉外礼仪中的国际惯例

1. 热情有度。

> 非常欢迎您到中国来！

2. 尊重隐私。

> 这人怎么不懂礼呢？

> 你多大了？结婚了没？年收入多少？

涉外交往中"八不问"

收入支出，年龄大小，恋爱婚姻，身体状况，

家庭住址，个人经历，信仰政见，所忙何事。

3. 信守约定。

4. 女士优先。

5. 入乡随俗。

shewai liyi

137

练一练

实训题

假如你是某企业的一名女接待人员，一次与一位男士外商谈论业务非常成功。临走时，外商十分高兴，对你提出要求："让我吻一下你，可以吗？"你的应对策略是什么？以下有四种选择，你会选择哪种？为什么？你还有不同的应对策略吗？

1. 羞涩地躲开。

2. 厉声斥责："先生，请您放尊重些！"

3. 委婉谢绝，解释说："先生，这是中国，我们没有这个习惯。"

4. 大方地伸出右手说："先生，请吧！"

第二节　迎宾礼仪

小故事

　　北京人日常的问候语习惯说"吃过了吗"，其意思与"你好"差不多。在一次外交活动中，一位北京本地人去与外国朋友交谈，习惯性地问了一句："你们吃过饭了吗？"外国朋友很实在："我们都没吃，你请吧！"

　　这正是由于文化差异造成的尴尬局面。

　　在涉外交际活动中，迎宾礼仪一般遵循国际惯例。但由于各国传统和风俗习惯的差异，他们有着自己独特的做法。

一、礼宾次序

礼宾次序是指国际交往中对出席活动的国家、团体、各国人士的位次按某些规则和惯例进行排列的先后次序。

礼宾次序体现东道主对各国宾客给予的礼遇，而在某些国际性的集会上则表示各国主权平等的地位。如果礼宾次序安排不当，就会产生不必要的麻烦。

小贴士

礼宾基本次序

约定俗成，以右为尊，面门为大，距离定位。

1. 座次排序。

(1) 按外宾的身份与职务的高低顺序排列。

这种排列方法是礼宾次序排列的主要依据。如按国家元首、副元首，政府总理（首相）、副总理（副首相），部长、副部长等顺序排列。各国提供的正式名单或正式通知是确定职务的依据。

（2）按参加国国名的英文字母顺序排列。

参加国一般以国名的英文字母顺序排列，如：文莱达鲁萨兰国（Brunei Darussalam）—马来西亚（Malaysia）—印度尼西亚共和国（Republic of Indonesia）—柬埔寨王国（The Kingdom of Cambodia），按 B—M—R—T 顺序排列。也有按其他语种字母顺序排列的。

如 2008 年北京奥运会开幕式进场就是按汉字笔画顺序排列的。

（3）按通知代表团组成的日期先后排列。

若各国代表团的身份、规模大体相等，东道主则按派遣国通知代表团组成的日期排列，或按代表团抵达活动地点的时间先后排列。当然，也可以按派遣国决定应邀派遣代表团参加该活动答复的时间先后排列。

小贴士

礼宾次序排列中应注意的问题：
（1）席位安排的忌讳。
（2）外事、礼宾部门的指导。
（3）选择礼宾次序的最佳方案。
（4）做好善后工作。

shewai liyi

2.悬挂国旗的次序。

（1）一般国际上通行的挂旗次序和方法。

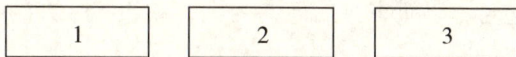

三国以上国旗并挂

多面并挂，主方在最后。如系国际会议，无主客之分，则按会议规定之礼宾顺序排列。

两国国旗并挂

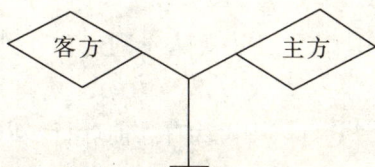

交叉悬挂

交叉挂

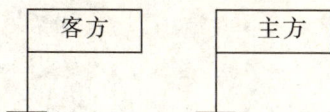

并列悬挂

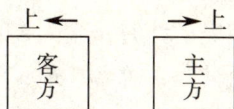

竖挂

(2) 特定场合挂旗次序和方法。

高，尊、客

低，卑、主

在室内：面对门口，右高左低

这是以前进方向为参照的右方，应挂客方国旗

这边挂主方国旗

前进方向

(3) 悬挂国旗的注意事项。

①当两国国旗并挂时，以旗本身的面向为准，右边挂客方的国旗，左边挂东道国的国旗。

②所谓主客，不以活动所在国为依据，而以活动举办人的国籍为依据。

③国旗不要随意交叉悬挂或竖挂，更不可倒挂。

④制旗要规范、整洁。如果并挂两面不同规格的国旗，应将一面国旗放大或缩小，以使旗面积大致相等。

⑤悬挂国旗宜以正面（即旗套在旗的右方）面向观众，不用反面。

3. 其他次序。

在一般社交场合，应请外宾走在内侧（即右侧），而主办方人士则走在外侧（即左侧）；进餐时，主人应请客人坐在自己的右边。

(1) 两人同行，以前者、右者为尊；三人行，并行以中者为尊；前后行，以前者为尊。

(2) 进门、上车时，应让尊者先行；下车时，位低者应让尊者由右边下车。

(3) 迎宾引路时，主人走在前；送客时，主人走在后。

(4) 上楼时，尊者在前；下楼则相反。

(5) 在室内，以朝南和对门为尊。我国习惯按客人职务、社会地位来排次序；外国习惯男女交叉安排，以女主人为准，主宾在女主人右边，主宾夫人在男主人右边。

二、迎送礼仪

迎送外宾首先要做好两件事：

确定迎送的规格；

掌握外宾抵达和离开的时间。

小黄，怎么确定迎送规格呢？

有 3 点依据：①来访国或宾客的身份地位；②访问目的；③两国间的关系。

1. 官方迎送礼仪。

宾客　　主人

面对门口

官方迎送要举行仪式，一般在机场、车站、码头举行，也有在特定场所举行的，如总统府、议会大厦、国宾馆等。迎送仪式一般包括以下几项内容：

(1) 悬挂宾主双方国旗，宾右主左。

(2) 由儿童或女青年献鲜花。

(3) 奏两国国歌，先宾后主。

(4) 检阅仪仗队，来宾在右，主迎在左，沿红地毯徐徐行进。

(5) 鸣放礼炮——国家元首 21 响，政府首脑 19 响。

小故事

周总理送客

1957 年国庆节后，周总理去机场送一位外国元首离京。当那位元首的专机腾空起飞后，外国使节、武官的队列依然整齐，并对元首座机行注目礼。而我国政府的几位部长和一位军队的将军却疾步离开了队列。他们有的想往车里钻，有的想去吸烟。周总理目睹这一情况后，当即派人把他们叫回来，一起昂首向在机场上空盘旋的飞机行告别礼。随后，待送走外国的使节和武官，总理特地把中国的送行官员全体留下来，严肃地给大家上了一课："外国元首的座机起飞后绕机场上空盘旋，是表示对东道国的感谢，东道国的主人必须等飞机从视线里消失后才能离开，否则，就是礼貌不周。我们是政府的工作人员和军队的干部，我们的举动代表着人民和军队的仪表，虽然这只是几分钟的事，如果我们不加以注意，就很可能因小失大，让国家的形象受损。"

2. 民间团体迎送礼仪。

民间团体的迎送一般不举行正式仪式，只安排对口单位的对等人员前往迎接。对身份较高的宾客则安排在机场（车站、码头）贵宾室稍作休息，然后将住房、乘车号码卡片发到客人手中，便于客人主动配合。对一般客人，重点做好各项具体活动和生活安排，派出人员迎送，双方互相介绍。对有大批客人的团体，可预先准备特定的标志（如小旗、牌子），便于对方主动接洽。

练一练

选择题

1. 国际社会公认的"第一礼俗"是（   ）。

    A. 女士优先   B. 尊重原则   C. 宽容的原则

2. 在机场、商厦、地铁等公共场所乘自动扶梯时应靠哪侧站立，以便留出另一侧通道供有急事赶路的人快行？（   ）

    A. 左侧   B. 右侧   C. 随便

3. 在商务会餐中，贵宾的位置应安排在（   ）。

    A. 主人的左侧   B. 主人的右侧   C. 都可以

4. 在电梯里，正确的站立方向是（   ）。

    A. 侧身站立   B. 面对电梯门站立   C. 与人背对背站立

实训题

假如你是驻法机构的男性工作人员，参加社交场合的舞会，你与一位热情浪漫的巴黎女郎共舞。女郎舞兴很浓，一边跳一边对你耳语："你是喜欢与巴黎女郎跳舞，还是喜欢与中国姑娘跳舞？"这时你怎样回答她？下面可以有四种选择，你选择哪一种？为什么？你还有不同的选择吗？

A. 跳舞嘛，无所谓，跟谁跳舞都可以   B. 我是中国人，当然喜欢与中国姑娘跳舞

C. 我当然喜欢与法国姑娘跳舞   D. 谁喜欢跟我跳，我就喜欢跟她跳

第三节　东盟十国礼仪习俗

　　东盟十国主要是指亚洲大陆上中南半岛及马来岛上的十个国家，即越南、泰国、马来西亚、印度尼西亚、文莱、新加坡、缅甸、柬埔寨、老挝和菲律宾。国土总面积为 448 万平方千米，海洋总面积占 248 万平方千米，总人口约为 5 亿。

小贴士

　　东盟盟歌是《东盟之路》（The Asean Way），歌中唱道："高高举起我们的旗帜，像天一样高；拥抱我们心中的自豪；东盟紧密团结如一体，内省自身，放眼全世界；以和平为起点，以繁荣为目标。我们敢于梦想，我们乐得分享。共同为东盟，我们敢于梦想；我们乐于分享，因为这就是东盟之路。"

　　歌词表达了东盟国家以"一个目标、一个身份、一个声音"共建东盟共同体的心声。

东盟十国主要礼仪习俗

国家	基本礼仪	禁忌	信仰宗教
新加坡	握手是常用的见面礼，印度血统的人则行合十礼。	数字禁用 4、7、8、13、37 和 69；颜色忌黑、白、黄；话题禁谈政治和宗教方面，禁说"恭喜发财"及使用宗教词语。	佛教、天主教、基督教、印度教
越南	有嗜槟榔的习惯。见面要问好；和老年人同行，如要超过去，应先打招呼。	禁忌年初、月初说粗话、发脾气，忌讳称赞小孩胖。	佛教、天主教、和好教、高台教
菲律宾	见面礼为握手；至少被应邀 3 次以上方可上门做客，参加宴会时应迟到 15～30 分钟。	选举期间禁喝酒，商店也禁止卖酒；禁用左手递物、进餐；忌长时间对视；禁谈论政治、宗教及本国状况等问题。	基督教、伊斯兰教、佛教
马来西亚	习惯用手抓饭进食，喜欢开玩笑。双方见面时要互相朝前稍微靠拢，互相摩擦一下对方手心，然后双掌合十，摸一下心窝互致问候。	禁抽烟、吃猪肉；不可随便用食指指人；忌用手触摸头部和背部；忌用左手握手、打招呼或馈赠礼品；忌穿黄色服装。	伊斯兰教、佛教、道教、印度教
泰国	喜欢用红、黄表示不同的日期，喜欢吃有民族风味的"咖哩饭"。会面行合十礼，称呼对方是只叫名字不叫姓。	禁触摸他人的头；禁用红色笔签字；睡觉时，忌头朝西；禁对僧侣不敬，去佛寺须衣冠整齐、摘帽脱鞋以示尊重。	佛教
柬埔寨	合十礼是其传统的见面礼。爱喝酸鱼汤、喜饮酒。	认为左手不洁，进食、递给他人物品要用右手或者双手；不可随意触摸头。	佛教
老挝	嗜嚼槟榔，习惯用手抓饭，与客人见面施合十礼，一般不直呼人的姓名，而是冠以尊称。	每年祭寨神期间禁止挑水、春米等。进入佛殿要脱鞋，不可随便触摸佛像。	佛教
印度尼西亚	熟人相遇，用右手按住胸口相问好；在商务场合则一定要相互送名片；有崇拜蛇和敬蛇的习惯。	忌主动问名字；不吃猪肉；不喜欢烈性酒；忌用左手传递东西或者进食；忌谈论政治类、国外援助等话题。	伊斯兰教、基督新教、天主教

续表

国家	基本礼仪	禁忌	信仰宗教
文莱	在指人或物时，要把四指并拢轻握成拳，大拇指紧贴在食指上。	不要从正在做祷告的教徒前走过，不能踩清真寺内做祷告用的地毯。禁用手去摸他人的头部。在正式场合下，不要跷二郎腿或两脚交叉。	伊斯兰教、佛教、道教
缅甸	一般施合十礼或鞠躬礼。有出家的风俗。 特殊礼节——脱鞋，上塔脱鞋、进庙脱鞋、进家脱鞋等。	以乌鸦为神鸟，不能捕捉和伤害；牛在缅甸也被视为神物，任其游逛，不得伤害。	基督教、伊斯兰教

练一练

选择题

1. 新加坡人互相见面时的礼节是（　　）。
    A. 握手　　　　　　　　　　　B. 亲吻
    C. 双手合十　　　　　　　　　D. 拥抱

2. 马来西亚人忌穿（　　）服装。
    A. 白色　　　　　　　　　　　B. 黑色
    C. 黄色　　　　　　　　　　　D. 绿色

3. 到泰国寺庙烧香拜佛或参观必须做到（　　）。
    A. 摘帽脱鞋
    B. 宽衣解带
    C. 东张西望

4. 老挝人惯于用（　　）吃饭。
    A. 筷子　　　　　　　　　　　B. 刀叉
    C. 手抓　　　　　　　　　　　D. 汤勺

5. 印度尼西亚人与熟人、朋友相见时，传统礼节是用（　　）按住胸口互相问好，也可以点点头。
    A. 左手　　　　　　　　　　　B. 右手
    C. 手指　　　　　　　　　　　D. 手臂

本章综合实训

实训名称：模拟接待外国友人会谈全过程

实训要求：(1) 理解涉外接待的流程。

　　　　　(2) 知道涉外接待要求。

　　　　　(3) 扮演者从真实角色的角度出发，情境要逼真，符合国际礼仪原则。

实训准备：(1) 了解涉外接待的流程和知识。

　　　　　(2) 会议室一个、杯子若干、各国国旗若干。

　　　　　(3) 礼宾接待人员若干（把学生分为 4 个小组，每个小组设一个组长，组长负责安排本组人员的角色和工作）。

实训步骤：(1) 按涉外接待谈判要求布置面试场景，用纸牌写出主宾双方的名字摆在会议桌上。

　　　　　(2) 学生分 4 组。每组按班级人数平均分配，分别扮演来宾、主办方、会议室接待人员（会场服务人员）、礼仪小姐（或先生）。

　　　　　(3) 在教师指导下，学生轮流扮演不同的角色模拟会谈全过程。

自我评价

通过学习，参与模拟训练，对自己作一个客观的评价，用"是"或"否"在表格中填写，并找出原因。

内容	是	否	原因	如何改进
你可以和团队完成接待任务吗？				
你对自己的表现满意吗？				
是否注意接待细节？				

146

附录1：其他部分国家和地区的礼仪习俗

国家名称	礼仪习俗
日本	日本人善用礼貌用语，对长者、上司、客人用敬语说话，对平辈、平级、小辈一般用简语。他们见面总要互施鞠躬礼，约会总是正点到。 　　到日本人家里做客，要预先和主人约定时间，并带上礼物，进门前先按门铃通报姓名。切记不要提出四处看看的请求，上厕所也要征得主人的同意。日本人在正式社交场合，男女须穿西装、礼服。 　　日本人大多数信奉神道和佛教，他们不喜欢紫色，最忌讳绿色，还忌讳3人一起"合影"，也忌讳荷花。
韩国	韩国人崇尚儒教，和长者吃饭时应先为长者盛饭上菜，长者动筷后，其他人才能吃。见面时的传统礼节是鞠躬，男人之间见面互相鞠躬并握手，女人一般不与人握手。 　　韩国人用双手接礼物，但不会当面打开。酒是送韩国男人最好的礼品，不宜送香烟。若要拜访必须预先约定，用餐时不兴交谈，更不能发出"唧唧"的声音。在韩国人面前，切勿提"朝鲜"两字。
俄罗斯	俄罗斯人与人相见，开口先问好，再握手致意。在社交场合，男士须帮女士拉门、脱大衣，用餐时为女士分菜。俄罗斯人忌讳别人说他们小气，忌打听私事、在背后谈论第三者，忌问妇女年龄等。对于数字，忌讳"13"，喜欢"7"，因为它象征幸运和成功。送礼时喜欢用单数。
美国	美国人第一次见面不一定行握手礼，握手时习惯握得紧，眼正视对方，微鞠身。在美国，如果要登门拜访，必须先打电话约好；当着美国人的面想抽烟，必须问对方是否介意。 　　忌讳向妇女赠送香水、衣物和化妆用品，忌讳别人冲他伸舌头，忌讳"13"、"星期五"等。忌讳问个人收入和财产情况，忌讳问妇女婚否、年龄以及服饰价格等私事。忌讳黑色。

国家名称	礼仪习俗
英国	去英国人家赴宴，一定要准点，可晚去但不可早到。 　　在英国购物，最忌讳的是砍价。他们忌的数字是"3"、"13"，还忌讳耳语以及说话时互相拍打肩背。与英国人说话时，如坐着谈应避免两腿张得过宽，更不能跷起二郎腿；若站着谈不可把手插入衣袋。
法国	法国人在社交场合一般以握手为礼，尊重女性，凡事讲究女士优先。到法国人家里做客时别忘了带鲜花，送花的支数不能是双数。注意男人不能送红玫瑰给已婚女子。 　　法国人忌讳核桃，厌恶墨绿色，忌用黑桃图案。他们还视孔雀为恶鸟，并忌讳仙鹤、乌龟，认为杜鹃花、纸花不吉利。忌讳男人向女人送香水，也不愿意别人打听他们的政治倾向、工资待遇以及个人的私事。
阿拉伯国家	阿拉伯人吃饭习惯席地而坐，用手抓饭吃。妇女必须时时刻刻戴着面纱，并且要从头到脚全部蒙上。他们不太讲究时间观念。 　　赠礼时不要送酒。向女士赠礼，一定要通过他们的丈夫或父亲转赠，赠予女士饰品更是大忌。

附录2：我国主要传统节日

节日名称	简　介
春　节	俗称"过年"。传统的庆祝活动从除夕一直持续到正月十五元宵节。正月初一是"岁之元，月之元，时之元"，是一年的开始。每到除夕，家家户户合家欢聚，一起吃年夜饭，称"团年"。北方有吃饺子的习俗，取"更岁交子"之意。南方则有吃年糕的习惯，象征生活步步高。
元宵节	又称上元节、灯节。正月十五闹元宵，成为世代相沿的习俗。元宵之夜，大街小巷张灯结彩，人们赏花灯，猜灯谜，吃元宵。吃元宵的习俗始于宋朝，意在祝福全家团圆和睦。
清明节	清明节既是二十四节气之一，又是一个历史悠久的传统节日。它始于周代，距今已有2500多年的历史，清明节是一个祭祀祖先的节日，主要的活动是扫墓。古代有春游之习俗，故也称为踏青节。
端午节	又称端阳节、重五节、端五节。端午节吃粽子、赛龙舟等众多活动都与纪念屈原有关。端午节也是自古相传的"卫生节"，人们在这一天洒扫庭院，挂艾枝，悬菖蒲，洒雄黄水，饮雄黄酒，激清除腐，杀菌防病。
七　夕	七夕又叫乞巧节或女儿节。现在也被誉为"中国情人节"。它有个美丽的传说，牛郎和织女被银河无情地隔开了，只有每年七月初七才能相见。这一夜还有观天河祈祷五谷丰收的习俗。
中秋节	中秋之夜，除了赏月、祭月、吃月饼，还有舞草龙、砌宝塔等活动。此夜，人们仰望明月，期盼家人团聚。远在他乡的游子，也借此寄托自己对故乡和亲人的思念之情。因此，中秋节又称"团圆节"。
重阳节	重阳节又是"老人节"，老人们在这一天或赏菊以陶冶情操，或登高以锻炼体魄。还有登高、赏菊、喝菊花酒、吃重阳糕、插茱萸等活动。
冬　至	冬至在我国古代是一个很隆重的节日，至今我国台湾还保存着冬至用九层糕祭祖的传统。北方地区冬至有宰羊、吃饺子的习俗，南方地区冬至的传统食品有冬至米团、冬至长线面等。
腊八节	腊八节是佛教的节日，这一天是释迦牟尼成佛的日子，又称"成道节"。这一天最重要的活动是吃腊八粥。除此之外，还有腊八面、腊八蒜等风味食品。

附录3：西方国家主要节日

节日名称	简　　介
圣诞节（12月25日）	圣诞节本是一个宗教性的节日，是基督教徒纪念耶稣基督（Jesus Christ）诞生的日子，后来演变成一个具有民族风格的全民性的节日。
复活节（每年春分月圆后的第一个星期天）	复活节（Easter）是基督教耶稣复活的重大节日。这一天要举行宗教仪式和活动，如"圣餐"等。按西方国家的习俗，人们互赠彩蛋，小孩吃兔子糖，讲兔子的故事。彩蛋和兔子是复活节的典型象征和吉祥物。
情人节（2月14日）	情人节（Saint Valentine's Day）是英美等国家一个十分重要的节日，也是一个大众化的节日。这一天，情侣们互赠卡片和礼物，也给父母及受自己尊敬和爱戴的人赠礼物，还会举办情人节之夜的化装舞会。
愚人节（4月1日）	愚人节（April Fool's Day/All Fool's Day）是一个比较特殊的节日。这一天，人们可以任意说谎骗人，愚弄他人。骗人技术越高，越能得到推崇。按照习惯，当一个人成功地使别人受到愚弄时，他就会笑着说April Fool（4月愚人），这时受愚弄的人恍然大悟，也会跟着哈哈大笑。
母亲节（5月的第二个星期天）	母亲节（Mother's Day）是英美等国家为了表达对母亲的敬意而设的一个节日。每逢母亲节，儿女会送给自己的母亲节日贺卡、鲜花以及精美礼物。同时，在这一天父亲会领着子女们包揽家务，以便让母亲有个好好休息和放松的机会。
父亲节（6月的第三个星期天）	父亲节（Father's Day）起源于20世纪初的美国。按照习惯，父亲节这一天，孩子通常一大早就起床给父亲做一顿丰盛的早餐，感谢父亲的养育之恩，并向父亲赠送他喜欢的衣服和爱喝的酒等礼物。
感恩节（11月的第四个星期四）	感恩节是美国民间传统节日。感恩节的初始是最早的移民为了感谢上帝赐予的大丰收，也为了感谢印第安人的热心帮助。在1621年的11月下旬的一个星期四，与印第安人一起举行庆祝活动。他们举行宗教仪式，用自己猎取的火鸡以及种的南瓜、红薯、玉米等做成美味佳肴，隆重庆祝上帝的赐予。
万圣节（11月1日）	按照基督教的习惯，万圣节是纪念所有圣徒的日子。在英国，万圣节前夕可以说是一个鬼节，因为大多数活动都与"鬼"有关。每到万圣节前夕，人们就围坐在火炉旁，讲述有关鬼的故事。人们还会制作"杰克灯"，也称"南瓜灯"，挂在树枝上或大门上，驱逐妖魔鬼怪。

附录4：鲜花的礼仪象征

花　名	礼仪象征	花　名	礼仪象征
康乃馨	体贴和遐思	玫瑰花	真情的爱
白百合	纯洁和忘我的境界	粉红月季	初恋
勿忘我	浓情厚意、寓意永恒的爱，友谊万岁	菊　花	清静、高洁、真爱、我爱
桃　花	避邪	水仙花	友情、真诚和恳切
茉莉花	优美	紫罗兰	希望、节操和幸运
剑　兰	用心、长寿、福禄、康宁	向日葵	爱慕、光辉、忠诚
郁金香	爱的表白、荣誉、祝福、永恒	富贵竹	淡雅、清秀，象征吉祥、富贵
睡　莲	纯洁的心或纯真	南天竹	长寿
风信子	喜悦、爱意、浓情蜜意	石　楠	紫色表示爱孤独，白色象征福星高照
迷迭香	忠诚、热情和怀念	天冬草	粗中有细，外表气宇轩昂，内在体贴

附录5：体态礼仪操（共十节，含 40×8 拍）

第一节　**踏步摆臂 2×8 拍**
原地踏步→前后不超过 45° 的双直摆臂

第二节　**着装整理 2×8 拍**
双手扶贴领角→扶贴左袖口→左手扶贴右袖口→双手扶贴衣襟

第三节　**问候礼节 8×8 拍**
原地敬礼→左、右靠步敬礼→原地点头礼→左、右靠步敬礼

第四节　**形态礼仪 10×8 拍**
肃立礼→后点步 45° 交叉蹲位→侧转 90° 前后贴掌蹲位→侧转 45° 左右蹲位（2×8 拍）→左右侧转 45° 交叉蹲位→前后回答礼端坐

第五节　**引导礼仪 4×8 拍**
右下 45° 直臂引导礼→右上 45° 横摆引导礼→左斜步点肩侧摆引导礼→右斜步点肩侧摆引导礼

第六节　**介绍礼仪 4×8 拍**
左、右斜前 45° 自我介绍礼→双臂互引集体介绍礼→左靠步他人介绍礼→右靠步双臂互引集体介绍礼

第七节　**递接礼仪 4×8 拍**
双手前递（2 快 1 慢）→左、右靠步递接礼

第八节　**握手礼仪 4×8 拍**
右手前伸握→左、右靠步前伸握→双手左递握→双手右递握

第九节　**谢幕礼仪 2×8 拍**
左迈步、左臂经前向外摆左侧位谢幕→右迈步、右臂经前向外摆呈侧位谢幕→左脚微蹲、右脚后点步近位谢幕→右脚微蹲、左脚后点步远位谢幕

第十节　**敬礼**